どうして就職活動はつらいのか

双木あかり

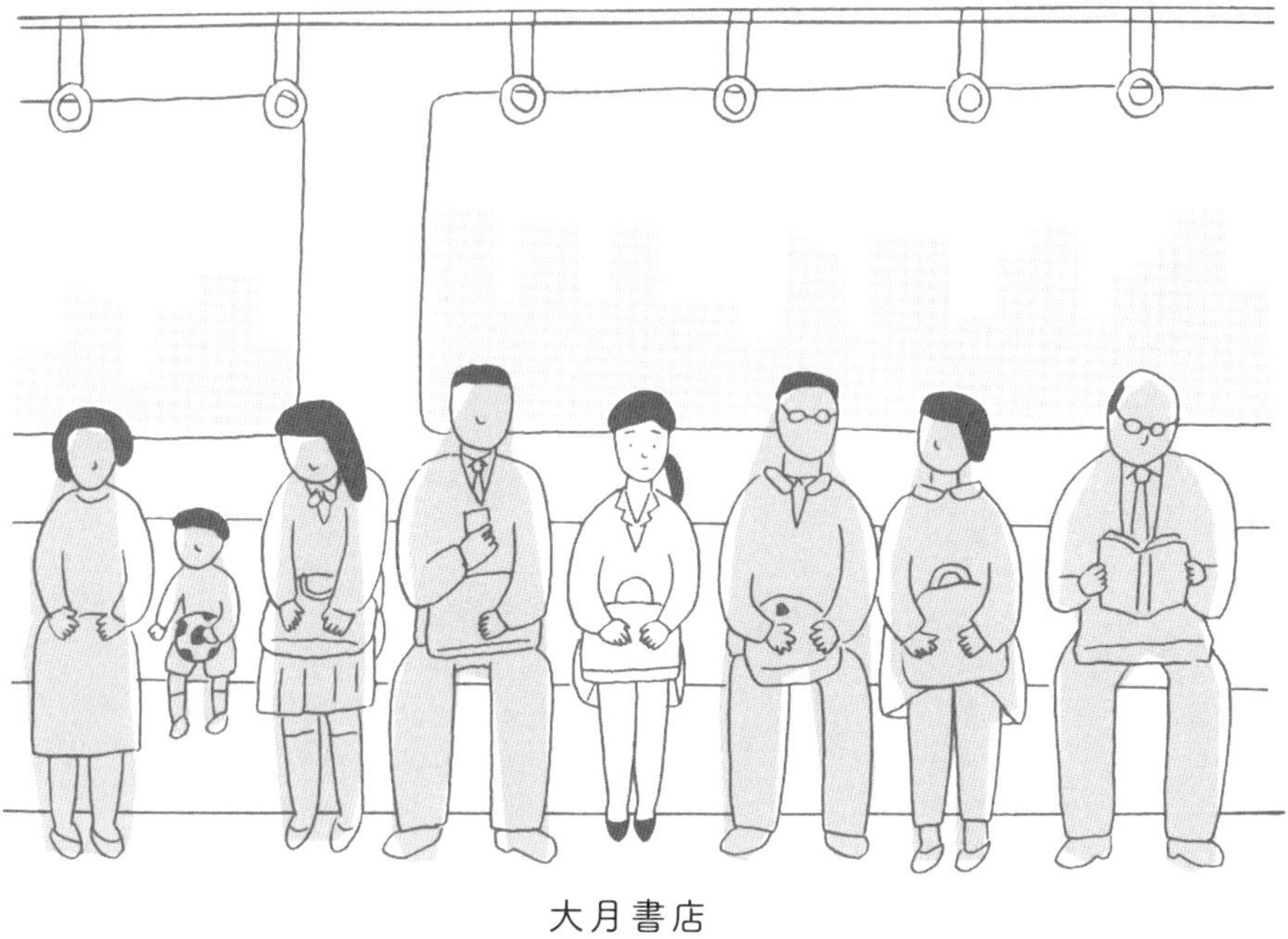

大月書店

まえがき

私は、二〇〇九年四月に一橋大学に入学、一年間の留学を経て二〇一四年三月に当大学を卒業し、同年四月に都内の民間企業に入社した。学生生活はおおむね楽しかったが、入学以来、時おり私や友人たちの心に暗い影を落とす言葉があった。「就活《シューカツ》」である。

講義やサークル活動にもあまり顔を出さなくなり、後輩からすると「大人一歩手前」の大学三年生や四年生、大学院生や留年生が、たまに見かけると必ず口にしている言葉。自分にはまだ縁のないことと思いつつも、その言葉は、先輩の疲れた表情や不安そうな様子と結びつき、「自分にもいつかやってくるとても苦しいこと」として、気楽な学生生活のまだ見ぬ先に、いつも気配を感じさせていた。

私が不思議に感じていたのは、誰もが「就活はキツいよ」「つらいよ」と口にするわりに、みんなそう繰り返すだけで、具体的に何がキツいのか、つらいのかについて言及する人がいなかったことだ。たまに耳にするエピソード（内定辞退を申し出た際に採用担当者にネクタイを切られたとか、先輩社員による就活相談会で選考されていたとか）や報道も、信憑性《しんぴょう》に欠けたり断片的だったりで、その全体像がまったく見えてこなかった。

だから、私の中で「就活」は、「詳しくはわからないけどとにかくとてもつらいもの」とインプットされていたし、学年が上がっていっても、実際に自分が体験し、終えるまでは、ずっとそのまま、お化けのような、不安の塊《かたまり》として存在していた。そしてそれは私だけでなく、同級生や同世代の大学生みんなにとってそうであったように思う。

そうして、二〇一二年秋から約半年間、自分で実際に就職活動をおこなってみて、「これは簡単に説明できる苦しさではない」と気づいた。まず、苦しみの要因や種類があまりに多く、一言では表現できない。次に、一口に就活と言っても、それぞれの苦しみや葛藤はきわめて個人的な体験であり、それを気軽に人に話したり、あるいは話すために一般化したりすることはとても難しい。

私は、だから先輩たちも何も話せなかったんだ、何をどう話せばいいのかわからなかったんだ、と納得する一方で、そこまで私や友人たちを苦しめた就職活動について、整理し、記述してみたくなった。そして、そうすることが、自分の翌年や翌々年、実際に就職活動をおこなう後輩たちが就活による傷つきを軽減するのに役立つかもしれないと考え、これを卒業論文にすることに決めた。

本書は、私が二〇一三年から二〇一四年にかけて執筆した学士論文を、縁あって書籍にしたものである。書籍化にあたっては、構成や表現の変更をおこない、私自身の当時のエピソードや感じたこと、考えたことを加えたが、基本的な内容は、就職後の現在の観点を交えず、論文執筆当時のままにしてある。

どうして就職活動はつらいのか　目次

まえがき　3
はじめに　15
I　どうして就職活動はつらいのか
1　一度きりの就職活動
労働市場は関係ない　20
誰も助けてくれないからこそ大企業の正社員になりたい　22
新卒採用という一度きりの渡し舟　26
自分のペースは通用しない　28
2　受けては、落とされ
何社出せば受かるのか　37

片時も休まらない心と身体　38
ダブルブッキングという悲劇　43
「落ちて当たり前」の選考を繰り返す　45

3　いくら探しても見つからない「やりたいこと」
「わからないなりに選ぶ」は許されない　48
無理やりひねり出す「やりたいこと」　52
就職と結びつけられる「こころ」　57

4　「人物重視」という基準
正解がない　63
いつどこで誰に見られているのかわからない　66
嘘くさい自己PRを信じ込む　69
「人物重視」との矛盾　75

5 就活する自分
「就活生」への抵抗感 79
社会に従うという決断 80
就活はダサい 85
「就活生」への視線 90
リクルートスーツが象徴するもの 94
6 必要な情報の不足とノイズ
見えない選考の過程 98
予測不能な連絡におびえる 103
信憑性のない情報にすがる 107
情報不足による孤立 110
不安を駆り立てるメディア 112
7 友人関係に依存する就職活動

周囲との比較に疲れ果てる　115
価値基準としての友人関係　121
情報源としての友人関係　123
相談相手としての友人関係　126

8　就職活動の結果が意味すること
自分自身を否定する「不合格」　130
内定の有無や就職先がもつ意味　134
終わらない苦しみ　137

II　就職活動を生き抜くために

1　「就活する自己」との距離を取る
自己責任論の呪いを解く　143

心理主義化への対抗としてのインターンシップ　147
「相手視点」の就職活動と二種類のコミュニケーション　151
演技している自分と演技していない自分を区別する　160
表現されない自己や他者を尊重する　164
「演技する精神」　169

2　相談相手と居場所を得る　173
横に閉じた関係を縦に開く　177
ただそばにいてほしい

おわりに　183
参考文献　187
付録（調査票）　193

どうして就職活動はつらいのか

はじめに

内閣府・警察庁の統計によれば、「就職失敗」を原因・動機にみずからの命を絶った大学生の数は、二〇〇八年で二二名、二〇〇九年で二三名、二〇一〇年で四六名、二〇一一年で四一名、二〇一二年で四五名、二〇一三年で二八名にのぼった。また、若者の格差・労働問題に取り組むNPO法人POSSE（ポッセ）が、二〇一〇年から二〇一一年にかけて大学生・大学院生六三四名に対しおこなった調査では、一四・四％の学生が就職活動によるうつ状態にあることがわかった（川村遼平「就活に追い詰められる学生たち」）。さらに、就職活動をおこなっている学生とおこなっていない学生とを比較検討したある研究では、前者は後者に比べ精神健康状態が悪く、それは就職活動が長引くほど顕著になることが明らかになっている（北見由奈ほか「大学生の就職活動ストレスに関する研究」）。

しかし、これまで就職活動についておこなわれてきた研究には、教育的観点から、学生の内定率や就職率などの実績向上に重点を置いたものが多く、学生の精神的負担や苦しみに着目したものは少ない。また、近年さまざまなメディアで語られている就活論も、そこに当事者である若者の意見はないうえに、現在の就活システムに対する批判や提言といったものが大半で、今後数年間で実際に就職活動をおこなう学生が参考にできるものではない。

本書では、大学生の精神健康状態を悪化させ、うつ病や、最悪の場合死にいたらせる、就職活動での傷つきや苦しみに着目し、実際にここ数年の就職活動を体験した大学生へのアンケート調査をもとに、「なぜ就職活動が若者を傷つけるのか」、また「就職活動を生き抜くためには何が必要なのか」、傷つき・苦しみの要因と対策について考える。

アンケート調査は、二〇一三年一〇月一五日〜一一月五日の期間中、一橋大学在学生・卒業生のうち、二〇一三年卒／二〇一四年卒向け新卒定期採用において就職活動をおこなった経験のある者を対象に、インターネット上で選択式・記述式の回答を募り、男性三六名・女性二八名の計六四名から回答を得た（調査票は本書巻末の「付録」参照）。

このうち「就職活動を行うにあたり、負担やストレスに感じたこと」という質問において、自由記述式（文字制限なし）で一人最大五項目、計二一二得た有効回答を、本書では「調査回答」と呼び、ゴシック体で示す。また、回答は原則としてそのまま表記したが、誤字・脱字の訂正や注・ルビの追加をおこなった箇所がある。

アンケート調査の対象は、当時の筆者の調査環境から一橋大学在学生・卒業生に限定されているが、得られた回答の多くは他の就職活動生にも共通すると考えられ、それによる分析・考察も他の多くの学生に当てはまるだろうと言える。また、当大学の学部構成上、調査の対象に理科系学生は含まれていない。大部分が大学院に進学し、それぞれの専門に応じておこなう彼らの就職活動では、生じる問題や対策も異なると考えられるため、本書の考察の対象には加えなかった。

本書の構成は、まず第Ⅰ部で、現代の就職活動をおこなう大学生がどういった環境に置かれているのか、就職活動のどういった側面が彼らを傷つけ苦しめているのかについて述べる。次に第Ⅱ部で、実際に今後就職活動をおこなう学生たちが自分を守るために必要なことについて考える。

本書では、就職活動の略称として「就活」「シューカツ」、就職活動生の略称として「就活生」を用いる場合がある。また、「学生」「大学生」「応募者」「受験者」といった呼称は文脈上変化する場合があるが、原則的には「就職活動をおこなっている大学生」と置き換えて問題ない。

I　どうして就職活動はつらいのか

1 一度きりの就職活動

労働市場は関係ない

文部科学省による二〇一三年度の「学校基本調査」では、大学（学部）卒業者の就職率は六七・三％で前年度比三・四ポイント上昇、二〇一〇年度から三年度連続上昇しており、二〇〇八年の米国リーマン・ブラザーズの破綻に端を発する世界金融危機が日本の新卒労働市場を襲い、就職氷河期の再来と騒がれた頃と比較すると、その影響は徐々に落ち着いてきたように思える。

しかしそれにもかかわらず、自殺対策支援をおこなうNPO法人ライフリンクが二〇一三年に一二〇名以上の就職活動生に対しておこなった調査によると、八割以上が就職活動に不安を抱いており、その理由として「希望する就職先から内定をもらえないのでは」「どこからも内定をもらえず正社員になれないのでは」「周囲から自分だけ取り残されてしまうのでは」といった項目が上位を占めた（ライフリンク「就職活動に関わる意識調査」）。

私がおこなった調査でも、**「どこからも内定を貰《もら》えないのではないかという不安」「いつ内定が出るか不安であった」「志望先から内定を貰えるかどうか」**といった回答が非常に多く見られ、学生の就職活動への不安は依然として大きいことがわかる。

なぜ、労働市場が落ち着きを取り戻しつつある今もなお、多くの学生が就職活動に不安を抱えているのだろうか。

誰も助けてくれないからこそ大企業の正社員になりたい

その理由のひとつには、若者の日本社会への強い不信がある。

前述のライフリンクの調査では、「日本社会は正直者が報われる社会か、バカを見る社会か」という質問に対し六九・〇%の学生が後者を選択し、「日本社会はいざという時に助けてくれる社会か、何もしてくれない社会か」という質問に対しても六五・〇%の学生が後者を選択しており、日本社会に対しマイナスイメージをもつ学生が非常に多いことがわかる。

現在新規大卒者として就職活動に臨もうとしている若者たちは、出生前後にバブル崩壊を迎え、物心ついた頃から「不況」「リストラ」「就職氷河期」といった言葉が連日のように報道されるのを見て育ってきた。

私は一九九〇年生まれだが、小学生の頃、「ごっこ遊び」の定番は父親がリストラされるか、がんの宣告を受けるストーリーだった。父親がリストラされたことを家族に言い出せず、スーツを着て出勤するふりをして公園で鳩にエサをやる、というシナリオを子どもが思いつくはずはないので、当時テレビでくりかえし見ていたシーンだったのだと思う。

バブルに関しても、「私たちが生まれる前にすごい時代があった」「その頃は日本全体が明るかった（と大人は言っている）」という程度の認識はあったはずだが、私たちが実際に見かける「バブル」という言葉には、いつも「崩壊」という文字がくっついていた。

そういう環境で人生の序盤を過ごすと、景気がよくてみんなハッピーという想像がつかない。小学校高学年の頃に迎えた「いざなみ景気」（二〇〇二年〜）では「なんとなく明るくなったな」という印象は受けたものの、それよりむしろ、「以前より状況がよくなった」とされる雰囲気の中で、二〇〇四年イラク日本人人質事件に象徴される「自己責任論」の隆盛や小泉純一郎政権による新自由主義的な政策が大々的に報じられたために、社会とはそういう厳しいものなのかと衝撃を受けた。

その束の間の好景気も世界金融危機によって崩れ去り、「派遣切り」や「就職氷河期の再来」が騒がれた。二〇一三年秋以降は安倍晋三内閣による「アベノミクス」による好況の兆しが報じられているが、好景気に慣れていない私たちにはこれをどう捉えればいいのかわからず、安心材料にはなりえない。

また、景気動向による労働市場の好転として報じられるのはせいぜいその年の企業の新卒採用予定者数の増加くらいであり、たとえば「就職氷河期」の頃、厳しい労働市場の状況に直面し、非正規労働者やニートとなった人々の雇用状況が改善したという報道は聞いたことがない。

前述のライフリンクの調査では、「正社員・正規の職員になりたいか」との問いに対し「絶対に」が七〇・〇%、「できれば」も含めると九六・六%もの学生が「正社員になりたい」と回答し、その理由として六五・二%が「正社員にならないと生活が安定しないから」と答えた。

一方で、同調査において「最初に就職した会社に何年勤めようと思っているか」という質問に「定年まで」と答えた学生は二〇%にとどまった。ライフリンク代表の清水康之は、「いざという時に誰も助けてくれないように思えるこの日本社会で、路頭に迷わず生きていくためにと、防御的な反応として、緊急避難的な意味で、正社員を希望している学生が多いのではないか」と考察しているが（清水「視点・論点〝就活自殺〟の背景に迫る」）、要は、暗い時代を見てきた学生の多くが終身雇用はもはや幻想であると捉えながらも、せめてもの保証として正社員を志望しているものと考えられる。

この社会不信は、正社員志向だけではなく大企業志向にもつながっている。NPO法人POSSE事務局長の川村遼平は、巷《ちまた》で論じられている「就活論」の多くが、就活市場の「ミスマッチ」、すなわち就活生の大手志向が強いために就活がうまくいっていないのだから、中小の優良企業を研究すればいいと主張していることに対し、「社会保障の薄い日本で生き抜くための自衛策として、福利厚生に優れた大手を目指すことは、視野が狭いというよりはむしろ堅実な志向として考えられ」、「優良な中小企業の採用数も限られているのだから、就活生の研究不足だけに問題を還元するのはいかがなものかと指摘せざるを得ない」と述べている(川村「就活に追い詰められる学生たち」)。

また、現在の就職活動において学生は特定の「職務」(どんな仕事をするか)を選択することがほぼできず、就職先を選ぶ際の判断基準として、その「企業」の知名度や規模、安定性(どんな会社で働くか)に頼らざるをえないという状況もある(安田雪『大学生の就職活動』)。

どんなに大きな企業の正社員になっても一生の保証はないということはもうわかっている。でもだからこそ、少しでも安全な場所に行きたい。そうした思いが若者を大企業・正社員志向にさせ、就職活動に対するプレッシャーを強めている。

新卒採用という一度きりの渡し舟

就活生が不安を抱える理由のもうひとつには、そうした社会不信によってただでさえ大きなプレッシャーのかかる就職活動が、実質的に新卒採用というほぼ一度きりの機会に限定されていることも大きい。

採用における「新卒主義」は根強い。たとえば企業の謳《うた》う「既卒者採用」においても、学卒後正社員として他社で働いたことのある者が対象になることが多く、初職が非正社員である既卒者の就職はとても難しくなっている。かつ、前述したように、その状況は景気動向によって好転するわけでもない。こうした状況を受けて、「201

1年卒マイコミ大学生就職意識調査」では、卒業時まで内定が得られなかった場合の進路について、理系男子大学生の約七割が「進学」、文系男子学生の約四割が「就職留年」と回答している（児美川孝一郎「『就職問題』のどこが問題か」）。

前述した文部科学省による「学校基本調査」でも、大学（学部）卒業者の就職率は上昇しているとはいえ、その中には「正規の職員等でない者」が含まれており、その比率は二〇一二年度三・九％、二〇一三年度四・一％で〇・二ポイント上昇している。さらに、この調査では、分子の「就職者数」に対する分母は「卒業者数」であり、一度就職活動に臨んだうえで、自身の労働市場における新卒という価値を保つために進学や留年を選んだ者は含まれていないため、大学生の就職事情を指し示す数字としては十分に機能していないと言える。

教育学者の児美川孝一郎が、「企業による若年採用が新卒に偏重しており、就職先を決めないまま卒業することは、その後のキャリアの可能性を著しく狭めてしまうということを、学生自身がよく理解している」と述べるように、「なんとかして在学中に就職を決めておかないと、どうなってしまうかわからない」という不安をみな抱えている。留年も進学もできないなら一度で決めるしかない。そこにあるのは、たとえるなら「一度きりの渡し舟に乗り遅れたらやばい」という計り知れない焦燥《しょうそう》感・切迫感のみである。

自分のペースは通用しない

また、新卒定期採用試験のスケジュールが直線的で、一度始まってしまうと立ち止まって考えたりやり直したりできないことも就活生の心理的負担になっている。

企業による大学生に対する採用活動は、日本経済団体連合会（以下、日本経団連）や大学により時代に応じて決められてきた。

二〇一五年入社までの就職活動は、二〇一一年三月に改訂された「採用選考に関する企業の倫理憲章」（以下、倫理憲章）に則《のっと》っておこなわれた（図1、三二～三三ページ参照）。改訂「倫理憲章」では、それまで卒業学年前年の一〇月一日からおこなわれていた企業による学生への広報活動が卒業学年前年の一二月一日、採用選考活動が卒業学年の四月一日に解禁と定められ、就職活動の開始が二カ月後ろ倒しされることになった。そのため、多くの企業の選考が同時期に集中し、就職活動の採用・選考スケジュールはそれまで以上に過密なものになった。

この倫理憲章の規定や強制力があいまいで、各社が優秀な人材の獲得競争のために、必ずしも右に挙げたスケジュールに従わず、水面下で早期に選考をおこなっていることも混乱を呼んでいる。本来ならば選考活動は四月一日以降におこなわれるはずだが、それは「面接等実質的な選考活動」に限り、それに当たらないと解釈されるエントリーシートや筆記試験等による選考は、一月頃から順次当たり前のようにおこなわれる。

エントリーシートとは、各社指定の応募書類のことで、「学生時代に頑張ったこと」や「熱意を持って取り組んだこと」といった自己PRや志望動機を記入する。一般的には、このエントリーシートの提出やWebテストの受験をもって「書類選考」「エントリー」と呼ぶことが多い。さらに、実質的な選考であるリクルーター面談やグループディスカッションでさえ、多くの企業が四月一日以前から水面下でおこなっていることが常識になっている。

また、日本経団連に加盟しておらず倫理憲章に署名していない企業（とくに外資系やIT関連に多い）は、さらに早い、卒業学年前年の秋から選考を開始する。こうした倫理憲章の形骸《けいがい》化や機能不全が、大量の企業の選考を受けるうえでの負担（第I部第2章参照）や不透明な選考過程による混乱（第I部第6章参照）につながっている。

二〇一三年九月、日本経団連が、二〇一六年入社からの適用を念頭に、広報活動解禁を卒業学年前年の三月一日、選考活動開始を八月一日に繰り下げると発表した（日本経済団体連合会「採用選考に関する指針」、図2）。しかし今回も違反に対する罰則はないうえに、賛同企業名を公表していた倫理憲章とは異なり、今回の指針は対象を全企業に広げた分、その実効性は疑問視されている。いずれにせよ、右に挙げたような問題の解決にはならないだろうと考えられる。

二〇一五年入社までのスケジュールでは、大企業・有名企業の採用活動は、業界・業種によって多少の違いはあるものの、おおむね次のように進む。一二月から学内説明会や会社説明会・セミナー、一月頃からエントリーシートやWebテスト・筆記試験による選考、三月頃からリクルーター面談やグループディスカッションによる選考、そして四月一日いっせいに始まる個人面接。終わる時期は企業や受験者によってばらつきがあるが、早ければ四月の第一週、遅くとも五月の連休頃までにはひとまずの結果が出揃《でそろ》う。ルールや規定があるわけではないが、私の体験上、大企業の関連会社や比較的知名度の低い企業、中小企業の選考は、それらが落ち着いてくる四月下旬頃から順次始まる印象を受けた。大企業・有名企業の「滑り止め」として扱われ、内定辞退されることを回避するための戦略なのではないかと推測される。

個人面接は、選考活動の最終段階であり、当然ながら、四月までの時期にその前段階である書類選考に応募し、通過していなければそこまで進む権利さえ与えられない。同年入社者向けの採用・選考活動を年に複数回おこなう企業もあるが、年によって回数や有無は異なり、また同年の選考活動ですでに落選か選考辞退をした場合は受験できないことが多い。

したがって、一度受けそびれてしまうと、同じ企業を受験することは難しい。応募のし忘れや、他の応募企業の選考との兼ね合い（多忙やダブルブッキング）での断念はもちろん、就職活動を通して自分の就職観や志望業界に変化があったとしても、応募の時期を過ぎてしまえば、もうやり直しはできない。また、書類選考や面接が一通り終わったあとは、たとえ自分の納得いく結果が得られていなかったとしても、そこから応募できる企業の選択肢は大幅に減ってしまっている。こうした場合、あとに残

4年生
3月
4月
5月
6月
7月
8月
9月
10月
選考（面接）
内々定

4年生
3月
4月
5月
6月
7月
8月
9月
10月
会社説明会・セミナー
プレエントリー
OB・OG訪問
書類選考（エントリーシート・試験）
選考（面接）
内々定

図1　2015年以前入社の就職活動スケジュール

図2　2016年以降入社の就職活動スケジュール（予想）

※本文中で触れたように，実際のスケジュールは個人や受験する企業によって異なり，時期が前後することがある。

された手段はいわゆる「就職留年」や進学しかない。

就活生は、そうしたリスクを少しでも減らすために、本格的な選考が始まる前に少しでも多くのエントリーシート提出やＷｅｂテスト・筆記試験をこなし、可能な限り「持ち駒」（受験できる会社のこと）を増やさなければならない。

ただでさえ、新卒採用という一度きりの機会で就職を決めなければいけないというプレッシャーがかかるうえ、こうした直線的なスケジュールで選考が進んでは、立ち止まって考えたり悩んだりする時間はない。自身の将来にかかわる大切な進路選択を、自分のペースでおこなうことができないのである。

調査回答でも次のようなものが見られた。

「本当にこれでいいのかという疑問。就活というシステムに追い立てられて就活しているが、本当に自分がやりたいことがその先にあるのか時々分からなくなりました。かといって、他の道を探す余地はなかったです」

「すべての学生が社会に出る準備が同じ時にできているわけではないのに、新卒採用という括りの中で、同時に仕事探しを始め、同時に競い合うようなシステムが成り立っていること自体にストレスを感じた」

「企業の採用時期が予《あらかじ》め決められていること」

「皆が一斉に就活を始めることが異様だと思った」

また、こうしたスケジュールの中では、周りから「取り残される」という不安を覚える人も多い。

「どこからも内定を貰えないのではないかという不安。周りの人から取り残される感覚、焦《あせ》り」

「周りの就活生が順調に進むなかで、自分だけ取り残されるのではという不安」

「周りの友人が早く就職先を決めて行くなか、決まらないことで劣等感にさいなまされました。（まだ四月二週めにも関わらず）」

「4月頃、周りの友人がどんどん内定をもらう中、自分は一つももらえなくて不安でした」

このように、四月というごく早い段階でも、周囲の状況次第で不安を感じる状況が見受けられる（周囲との比較によるプレッシャーに関しては、第I部第7章で詳しく論じる）。

「いわゆる持ち駒が少なくなる中で、来年も就活するはめになるのではと恐怖をたびたび感じた」との回答があるように、就活生は、「恐怖」とまで感じられる強い不安を抱えながら就職活動をおこなわなければならず、その不安は実際に内定を得るまで片時も消えることはないのである。こうした状況は、就職活動のスケジュールが後ろ倒しされたあとも変わらず残るだろう。

2　受けては、落とされ

何社出せば受かるのか

近年では、インターネットや就職ナビサイトの普及によってプレエントリー（情報登録のこと。かつての資料請求にあたる段階）が容易になったことや、各社の採用人数が減少傾向にあったことから、就活生一人あたりの応募企業数は増え、数十社〜百社以上が当たり前となっている。同時に企業ごとの応募者数も膨れ上がり、人気企業には数千〜数万という応募者が殺到して、選考倍率が数百〜数千倍となる場合も少なくない。

そのため、学生側からすれば、何社ほど応募すれば自分は内定に辿《たど》り着けるのか、おおよその見通しすらまったく立たない状況になっている。とにかくできる限り多くの企業に応募して「持ち駒」を増やさざるをえず、いくら応募してもゴールが来ない。そうした状況がさらに一社あたりの応募者数を増加させ、大量応募⇓倍率上昇⇓大量応募という悪循環になっている。

調査回答でも**「同じところを受けるライバルが多いため、プレッシャーが大きかった」「一度に多くの企業とやり取りしなければいけないところ」**といったものが見られた。

片時も休まらない心と身体

各社の応募締切が立て込む中で、少しでも多くの企業に応募しようと無理することには、多くの弊害《へいがい》があるが、まずもっとも深刻なのは、その過密なスケジュールによる身体的・精神的疲労である。

就職活動のおもな流れは三〇～三一ページで述べたが、就活生は、広報活動が開始される一二月から、会社説明会やセミナーに足を運びつつ、自己分析や業界・企業研究をおこない、Webテストや筆記試験の対策をし、各社のエントリーシート提出やテスト受験に追われる。倫理憲章に署名していない企業の面接や、リクルーター面談・グループディスカッションも始まる。いろいろな企業のいろいろな選考がいっぺんに集中する、嵐のような日々である。さざまな場所での説明会や選考会をはしごして、疲れて家に帰ったあとも、やることが山積みでちっとも休めない。応募企業から連絡が入ることもある。

調査回答でも次のようなものが見られた。

「幅広く応募したことによるタイトなスケジュール」

「説明会やES（双木注：エントリーシート）、面接など、常に時間に追われている気がした」

「毎日セミナーに行きながらESの締め切りに迫られて、時間的にも精神的にもキツかった」
「エントリーシートの締切が集中するのは精神的に苦労しました」
「忙しさ（ESの期限、説明会や面接の予約など、絶えず時間に追われていた）」
「忙しくて気分転換の時間がとれないこと」
「大学4年次4月以降の予定（日程・金銭・住所等）がまったく立たなかったこと」
「他の予定を入れられないこと」

このように、大量応募による過密なスケジュールが、身体的にも精神的にも就活生にとって大きな負担となっていることがわかる。

多忙な就活生にとっては、エントリーシートの設問や形式が各社ばらばらで、一社ごとに作成しなければならないことも大きな負担である。もちろん内容は重複してもいいのだが、設問文や回答形式が異なるのでそれぞれの主旨を汲《く》み取って加筆修正しなければいけない。最近はワープロで入力できるものが多いが、中にはいまだに手書きを求める企業もある。その場合、誤字・脱字は許されず、一字でも書き損じると書き直しを余儀なくされ、一社でも就活生にとっては大きな負担になる。調査回答でも、
「手書きのエントリーシート」「未だにエントリーシートを手書き提出させる企業が

多々存在し、辟易《へきえき》した」といったものが見られた。数社ならまだしも、何十社と応募を繰り返す中で、締切までに数百〜数千字の書類を書き続けなければいけないのは、かなりしんどい。

その他には、毎日慣れないスーツで慣れない場所を移動しなければならない身体的負担も挙がった（**「スーツで歩き回らなくてはいけないこと」「遠くまで出かけなければならないこと。毎日外食が続くこと」**）。

また、**「就活に時間がとられ、好きなことができない」「アルバイトに支障が出る」「バイトや家事との両立」「部活との両立」**とあるように、就活の多忙さは他の活動にも支障をきたす。就活中は、一本の電話やメールで翌日に面接が入るといったことが日常茶飯事なので、学生の本業である講義やゼミナールへの参加さえままならない。これを見越して、就職活動が本格化する前にある程度の単位を取り終えておく学生も多いが、それでも出席しなければならない状況はある。いくら内定を獲得したとしても卒業できなくては元も子もないことは学生もわかっているが、教授に苦言を呈《てい》されても、学生にはどうすることもできない。

さらにアルバイトとの両立に関しては、就職活動で出費がかさむにもかかわらず、収入が減ることにつながり、負担は大きい。交通費や宿泊費、スーツ代や資料・備品代を加算していくと必要経費は多額になり、人材コンサルティング会社のディスコが全国の大学四年生（理系は大学院修士課程二年生含む）一二三五人を対象におこなった二〇一三年の調査では、就職活動にかかった費用の平均は一五万七〇一三円、うち交通費は七万三六四九円で、関東・近畿・中部以外の全地域で一〇万円を超えたことがわかった。同調査では、就職活動費を「親に出してもらった（返済しない）」と回答する人が五一・八％で過半数となり、親や家族に経済的に依存しなければ就職活動がままならない状態であることがわかる。

調査回答でも「お金もかかる。交通費、カフェ。バイトもできないからただただお金がなくなる」「交通費や写真代など、お金がかかっていることも精神的負担につながった」「金と時間の浪費　したいことがなにもできなくなった」といったものが多く見られた。

また、ここで挙げた身体的・経済的負担は、住居や大学が都市部から離れた学生ほど顕著になることにも言及しておかなければならないだろう。移動時間や宿泊費・交通費、情報格差といった点を考慮すると、彼らの負担は甚《はなは》だしいものになる。

ダブルブッキングという悲劇

同時期に多数の企業の選考が集中することにより、複数企業の説明会や選考活動の日程が重なってしまう事態が頻発《ひんぱつ》することも問題だ。調査回答でも、**「面接の日程が被《かぶ》ってどの面接を受けにいくか迷う」「面接時間が複数社かぶったこと」**といったものが見られた。

各企業の説明会や選考活動は、初期の段階では、インターネット上での事前予約制で日時変更が可能な場合もある。しかし、人気企業には参加希望者が殺到するため、予約開始から少し時間が経っていると、どの日程もすでに満席になっている。やむをえない事情や他社での選考で一度機会を逃してしまうと、二度とその企業を受験できなくなってしまうケースが非常に多い。

就活が近づいてくると、それまではいわゆるガラケーで満足していた人もみんなスマートフォンをもち始める。就活では、電話やメール・就活サイトのチェックのわずかな時間差が命取りになるからだ。家に帰ってからパソコンを立ち上げて作業していたのでは、とても間に合わない。

選考が進んでいった場合や、企業側が学生と個別に連絡を取りたい場合は、連絡手段が電話になる。企業側から急に着信が入り選考日時を指定されることも多々ある。この場合、就活生は、他社の予定が入っていても、日程の変更を希望すると、志望度が低いと受け取られ、評価が下がるかもしれないことを恐れ（就職活動において志望度の表明は非常に重要な意味をもつ。詳しくは第I部第4章参照）、優先度によって、泣く泣く一方をあきらめる。

就活生は、どの企業の選考を捨てどの企業の選考を取るかという、自身の将来にとっても、就職活動上の戦略としても重大な決断を、一瞬で満席となる予約画面や担当者との電話口で、瞬時に下さなければならない。どちらの企業の志望度が高いかだけではなく、選考の進捗《しんちょく》状況や合格の見込みといった要素にも左右される。どの企業にもそれなりの熱意をもって選考を受けているはずだが、他の企業と日程が重なってしまったというだけで一瞬にしてその努力や熱意はすべて無に帰す。また、そうした犠牲を払ってまで受験した企業において、あっさりと不合格を突きつけられた場合、そのショックは計り知れない。

「落ちて当たり前」の選考を繰り返す

もうひとつ注目したいのは、各社の内定倍率が非常に高くなっている中で、就活生は、「落ちる可能性のほうが高い」、もっと言えば「落ちるのが当たり前」の試験を何十回と繰り返すことを余儀なくされているということである。

第Ⅱ部で紹介する社会学者の桜井芳生は、目標は具体的であるべきはずなのに、何かを選択して自他に明示することを忌避《きひ》し、就職活動でも志望会社を明示しない学生が非常に多いと指摘する（桜井「就職「面接」とは、コミュニケーションではなく、コンピテンシー立証のゲームである」）。たしかに就職活動をしていて、「私は絶対に＊＊に入りたい」と具体的な社名を出して宣言している人を見かけることはあまりなかった。

しかしそれは、学生が何かを選択し自他に明示することを忌避しているからというよりは、ひとつの会社に強く思い入れても、それを裏切られる可能性のほうがはるかに高いということを、彼ら自身が一番よく理解しているからだと私は思う。

数十社受けて落ちるのが当たり前の世界で、第一志望のたった一社に合格できる可能性は限りなくゼロに近いことを、学生側はよくわかっている。ひとつの会社に強く思い入れても、あっさりと落選して傷つく可能性のほうが圧倒的に高いのであれば、それを避けようと感情をコントロールするのは、現状の就職活動においては有効な自衛手段に思えるし、いま学生にそれを求めるのはあまりにも酷《こく》である。「ひとつの会社に固執《こしつ》するのは危険」というアドバイスは、実際に就職活動を終えた先輩から、直接的にも間接的にも、たびたび受け取っていた。

選考が進んでいくと、企業についての知識や体験も増え、どこかひとつの企業に強い魅力を感じることは当然ある。しかし、どこかでその気持ちを自制し、「だいたいこういう事業内容の会社がいい」「この数社の中で決まったらいいな」といった程度の気持ちにとどめておくことは、就活生の基本的な態度として共有されていたように思う。

熱意とあきらめを同時にもつというのはとても難しく、かつ虚《むな》しい行為である。

前出の児美川孝一郎は、「生身の人間である彼らが、何十もの会社用のエントリーシートを書き、何次にもわたる面接で〝御社の魅力〟をかたり、自分の〝売り〟をアピールする、それでいて、つねに最終的には不採用の通知を受け取り続ける、といった体験を平然としのげるわけがありません」と述べている（児美川「「就職問題」のどこが問題か」）。調査回答でも不合格に関する記述は多く見られたが、それは第I部第8章で詳述する。

ここでは、就活生は、それなりの熱意と希望をもちつつも、半ばあきらめながら落ちて当たり前の試験を何十回と繰り返し、実際に何十という会社から不合格を突きつけられ、それでもわずかな希望を見いだして受験し続けることを余儀なくされているという状況を理解しておいてもらいたい。

3　いくら探しても見つからない「やりたいこと」

「わからないなりに選ぶ」は許されない

とにかくたくさんの企業に応募するといっても、数多《あまた》ある企業の中から実際に自分の応募先を決めるには、なんらかの選択基準が必要である。

しかし、これから大学を卒業して就職しようとする学生の大半は、せいぜいアルバイトやインターンシップといった就労経験しかなく、そもそも働くということがどのようなことなのかわからない。給与や福利厚生、事業内容や社風などの情報を集めてみたところで、自分にとってどれが大切なのか、優先すべきものがわからない。
このような状況で、明確な理由をもって進路選択をおこなうことは非常に難しい。

調査回答でも次のようなものが見られた。

「自分がどこでどのように働きたいのかイメージできなかったこと。これに尽きる」

「まだ働いたことがないので、自分が働いている現実的なイメージが湧《わ》かないこと。そのため、どのような会社が自分に合っているのかわからないこと」

「自分でもどう働きたいのか本当は見えていなかった事」

「この業界、会社を選んでいいのかどうかについて悩むことが多かった」

「エントリーしている企業が本当に自分に合っているのか不安だった」

「実際に志望の業界と自分の相性が合っているかという不安」

「どの会社も似たり寄ったりに見えた事」

「諸々考えて転勤がないところを選ぶと、選択肢が限られてきて、そんなに狭めたら内定貰える確率が下がるどうしようという不安」

「自分のやりたいこと興味のあることは 1．院まで行かないとムリだと悟り、と院進との迷い 2．技術系の仕事に多かったから、理工系行かなかったことへの後悔やりたいことだけ考えていてはいけない、子育てをしたい気持ちがあるなら計画的に考えなきゃいけないし両親のことも考えなきゃいけないという、やりたいことやるべきことのバランスのとれなさ」

「女性としての将来を考えたときに、総合職か一般職、どちらにすべきか。バリバリ働いて自分の能力を試してみたい気持ちと、相手がいてもし授かったなら子育てしてみたい気持ちに、順序付け出来なかった」

「地方出身者として、どこで働くべきか。高校の友達は地元企業や地方公務員で地元に戻る子が多くて、自他の比較で苦しんだ」

経験がないんだからわからないのが当たり前だ、わからないなりに選んでやってみろ、と言われそうだが、就職活動の大変なところは「わからないなりに選ぶ」ということが決して許されないことである。

就職活動の選考の場では、「自分はどういった人物」で、そのため、あるいはそれを生かして「こういうことをしたい」という、自己PRと一貫性のある「志望動機」を求められる。それが一番重視されていると言ってもいい。「わからないなりに」ではなく、「きちんと調べて熟考したうえで、こういう理由でこの会社に入りたいと考えます」という内容を理路整然と述べなければいけない。「まだよくわからないですが……」という台詞は謙遜の意を示す前置きとしては受け入れられるが、内容の薄さに対する言い訳にはならない。

それまで選んできた進路は、高校も大学も、どんな場所なのかなんて入ってみなければわからなかった。わからないまま入るということが許された。就活では、自分はここに入る意志があり、かつ適性がある、ということを、すでにその場に所属している人間に向かって説得力のある形で説明しなければいけない。

たとえば「給料がよい会社」「潰《つぶ》れなさそうな会社」「忙しくないところ」といった基準も、個人の考えとしては間違っていないだろうし、自分の中ではそうした基準で会社を選んだうえで、選考用には各社に合わせた志望動機を別につくりあげる人もいるだろうが、就職活動に関する説明会・セミナーや対策本で、それが正攻法だという話は聞いたことがない。その代わりに、どんな就活関連情報も、「自己分析」の徹底を説いていた。

無理やりひねり出す「やりたいこと」

「自己分析」は、就職活動を始めようとすれば誰もが耳にする言葉で、自身の就職活動の方針を定めるために、何よりもまずはじめに必要だとされている作業である。「自分はいったいどのような人間なのか」「自分はこれからどのように働いていきたいのか」「そのためにどういった会社に入りたいのか」といった内容について考え、志望業界・企業・職種といった進路の選択、また選考における自己PR・志望動機の説明に活かす。自己分析だけでは主観や願望が入りやすいため、家族や友人など近しい人に分析してもらう「他己分析」なるものもある。

書店の就活コーナーには対策本が山のように積み上げられているが、自己分析だけにフォーカスした書籍も数多い。内容はさまざまだが、自身のこれまでの人生や考えについて設問に答えていき、自分はどういった人間か、仕事に求めることは何かといった答えを導き出す形式のものが多い。

私が就活を始めようとしていた頃、とにかくまずは自己分析が必要だと聞き、大学生協の書店で対策本を開いたら、いきなり「あなたの誕生」という見出しで「あなたは家族に愛されていたか」という質問が出てきたので衝撃を受けた記憶がある。偶然通りがかった友人に見せると同じように驚いて「これはキツいね」と笑っていた。果たして幼少期家族に愛されていたかどうかが就職活動に関係するのだろうか？　いや、たしかに関係する場合もあるだろうが、それはこんな形で、就活対策本の見開きひとつで扱われるべきことではない。愛されていたと感じる人もそうでない人も、この四角く囲われた記入欄でいったい何をすればいいというのだろう。

他の書籍も見てみたが、設問内容に多少の違いはあるにせよ、違和感は拭《ぬぐ》えず、私は就職活動のために対策本を使って自己分析をおこなうことをあきらめた。そのせいで、いつまでも書類や面接で述べることが定まらず、選考のたびに自己PRや志望動機を考え直すはめになったが、その後何度挑戦しても、どうしても、やる気になれなかった。

そもそも、これまでの人生を振り返ることで適性ややりたいことを探すというのが自己分析の（そして就職活動の）定石《じょうせき》となっているが、たかだか二十数年間の自分の人生に、これから数倍ある自分の将来を決めてもらいたくはない。これからまったく違う世界に飛び立つはずなのに、どうしてこれまでの自分を基準にしなければいけないんだろう。お金をもらう立場になるからだと言われれば仕方ないが、その当時は腑《ふ》に落ちなかった。

それでも、書類や面接では、自分の経験と適性・希望（「やりたいこと」）を一貫させて話さなければいけない。知ったような口をきけば「まだろくに働いたこともないくせに」と嘲笑《ちょうしょう》され（ているような気がする）、「わからない」と言えば勉強不足とされる。そういう状況で苦しまぎれに絞り出した「やりたいこと」は、いくら必死に考えても、空疎《くうそ》で、自分さえ納得させられない。

調査回答でも、次のようなものが見られた。

「過剰な物語化。一般に新卒の就職活動では「夢（やりたいこと）」を語らせられるが、仕事はそれ以前に「生活の糧《かて》」であると私は考えていた。就職体験記などでは、「最初は甘い考えで挑んだが、いくつものES or 面接で切られるうち、真剣に将来について考えるようになり、〝自分の本当にやりたいこと〟が見つかり、就活も無事決まった」といったようなものが典型的な語り口になっているように感じたが、何か違うなあと思っていた」

「自分が本当にやりたいことがわからない」
「多くの企業をまわっているうちに、自分が本当にやりたいことが分からなくなってしまったこと」
「自分は○○に向いてる、と安易に思い込むと他の選択肢を見なくなる事」
「自分の長所が分からなくなった事」
「何のために大学に入り、何のために会社に就職するのかが分からなくなってきた」
「就職活動だけではなく今までの人生の選択すらも不安になり、どうしようもない不安で満たされた」

説明会や選考で出会ったたくさんの大人たちは、せっかくの機会なんだからあまり視野を狭くしないでいろいろな会社を見てみなさいと口を揃えて言っていた。それは正しいと思う。でも実際の面接では、「なんとなく幅広く受けてます」なんて言うことは許されない。毎日数社の面接をこなす中で、その会社にしか当てはまらない確固たる志望動機なんていちいち考えていられないから、適当な言葉を並べ立てるしかない。こっちだってもっと真剣に考えたいが、時間がそれを許してくれない。
まだわかっていないことへの希望と理由を、自分でも陳腐《ちんぷ》だと感じながら、なんとか人に話せるような形に取り繕《つくろ》う。どうやったって学生の戯言《ざれごと》にしか聞こえない薄っぺらな自己PRや志望動機を、合否が下される場で、最大限聞こえのいいようにごまかし、逃げ切る。本当に何か熱意をもって語れる内容のあった数回以外、私にとってほとんどの選考はこの繰り返しだった。実際逃げ切れないことも多かった。深く掘り下げられ、内容の薄さが露呈《ろてい》する。貧相だとは知りつつも、いちおうは自分で考えて自分が発した言葉なので、うまくいかないと自分まで薄っぺらに感じられ、情けなくなって自己嫌悪する。

就職活動が、今までの自分を考え直すいいきっかけになることも、もちろんありうる。しかし、選考される場で「あなたがこれだけは人に譲れないというものは何ですか」「人生で成し遂げたいことは何ですか」といった質問に他人と違う答えを出せないということに悩まなければいけないのだとしたら(たとえば何を言ってもいい居酒屋の席とは違う)、それはとても不毛なことのように感じられる。

就職と結びつけられる「こころ」

こうした「やりたいこと」志向の就職活動は昔からのものなのだろうか。

社会学者の鵜飼洋一郎は、就職活動において自己分析の重要性が上がったのは、バブル崩壊後のことであると指摘している。新卒採用が売り手市場から買い手市場へと移り変わる中で、学生には個性の表現が求められることになった。その際、学生の個性は「ありのままの姿」にこそあるとされ、「やりたいこと」「好きなこと」「本当の自分」は、他者とのコミュニケーションの中で徐々に形成されていくというよりも、すでに出来上がったものとして自分の内部に存在しているものと考えられた。そのため、就職活動が内面的なものと結びつきを強め、自己分析の重要性が上がっていった（鵜飼「企業が煽《あお》る「やりたいこと」」）。

現代の就職活動は「社会の心理主義化」の典型であると主張する教育学者の中井孝章は、「私たちが自己分析に呪縛される根源的な理由」として、ある特殊な状況・場面（たとえば自室で一人きりになり、自身を内省しているような状況）において、私たちが「本当の自分が存在する」「本当の感情が存在する」とどこかで信じていることにあると指摘する。これを「抽象的自己」と呼ぶならば、家庭や学校、地域においてごく普通に他者とかかわり、他者との関係の中に埋め込まれている「私」は「日常的自己」と言える。私たちは、「抽象的自己」が特殊な場面において生み出された、いわば想像上の自己であることに無自覚で、他人とのかかわりの中で他人に合わせたり、妥協したり、媚《こ》びたりする「私」は、仮の自己もしくはニセの自己であると知らず知らずのうちに考えてしまう（中井「「心理主義化する社会」における就職活動の病理と変革」）。

これは、一九九〇年代の「こころ」の時代・ブームを経験した私たちの世代にはなじみ深い考えだと思う。私は九〇年代後半から小中学校で義務教育を受けたが、ある時期から、道徳の教科書に加えて「心のノート」という教材が配布されるようになり、どこから来たのかわからないカウンセラーのいる「相談室」が学校に設置された（それまでは若い保健室の先生に相談していたのに、優しそうだが母親くらいの年齢のおばさんに相談しろと突然言われてとまどった。自分の気軽な相談が深刻な「心」の問題になりそうで怖かった）。教室では、ことあるごとに発表させられる「将来の夢」や作文を通して、いつも自分の「やりたいこと」「好きなこと」を見つけるよう教えられていた。というより、それがあって当たり前、それがないことは子どもとして大きな欠陥であるというような空気があった。少年犯罪が起きると「心の闇」が報じられ、「自分探し」がいろいろなところでもてはやされた。

何にせよ、こうした教育や時代を経験した私たちにとって、「やりたいこと」を自分の内側から探して見つけ出し、それをベースに将来を考えるというのは、ある意味慣れ親しんだやり方である。個人的には、こうした問いに答えるのが大の苦手だったので、高校・大学を経る間に、自分自身も環境も、そうした考え方、心理主義からようやく距離を置けるようになったのに、就職のために自己分析で「やりたいこと」を探せと言われたときは、「またか」という気持ちだった。かつ、今度はさらに「やりたいこと」が審査されることになっていた。

こうした文化への世代による馴化《じゅんか》の度合いの差は、就職活動で年上の人と話すたびに感じた。誰に言われたわけでもないが、以前は就職活動にここまで心理主義的なものが必要とされていなかったことにはすぐ気づいた。

たとえば会社説明会やセミナーで、就活生が先輩社員に入社理由を聞いた場合、回答の種類はふたつに分かれる。「自分はこういう仕事がしたかったから」「この会社のここが好きだったから」と表向きにも通用する内容の回答と、「なんとなく有名でかっこよかったから」「ここしか受からなかったから」といった本音としてしか言えない内容の回答である。

私の経験上、前者は二〇代後半くらいまでの人に圧倒的に多く、年齢が上がるにつれて後者が増えていく。もちろん後者の回答をする若い人もいるけれども、たいていは「でもそれは面接では話せないから〜」とあとに続けてくれる。

自己分析をおこない、自分の「やりたいこと」を見つけたうえで就職活動をしなさいと言われている現代の就活生の側からすれば、前者のような回答を聞くと安心する。しかし、本当はより身近な事情に即しているはずの後者の回答をされてしまうと、こちらはどうしようもないというか、無理して高尚《こうしょう》な気分で就活している自分たちが、ばからしくなって、行き場をなくして、ぷつんと糸を切らしてしまいそうになる。それを避けるために、この人は自分たちとは違う時代に就職したんだと思うことで集中を保った。実際の入社理由なんてそんなものだとわかっていても、それを認めてしまえば、必死になって立てている会社選びの基準や志望動機がぽきりと折れてしまう恐れがあった。

中井孝章は、心理主義化とは「社会から個人の内面へと私たちの関心を変容（移行）させるものであり、なおかつ適用できない自分や他者に対する過剰な責めを私たちに負わせる」と述べる。また、競争率が高くなればなるほど、選ばれたい側は選択基準から見た「望ましい人物像」に自分を合わせていかなければならず、その結果、「知らず知らずのうちに心理学的な視点で自分や他者を理解する」ようになり、「〝私〟はそのライバルたちとともに、自然と「心理主義化する社会」に組み込まれていく」（中井「「心理主義化する社会」における就職活動の病理と変革」）。

学生は、選考を受ける以上、企業側の評価基準に従うしかない。企業が学生に、自己分析によって見つけ出した「やりたいこと」や「本当の自分」の表現を求め、かつ、それによって評価をおこなうのであれば、「少しでも企業の理想に近い本当の自分」を見つけるしかない。就職したいのであれば、望む望まないにかかわらず、自己分析をおこない、自己の内面と就職とを結びつけ、それを企業の視点から査定しなければいけない。しかしそれは、**「内定をもらうにはこういう人間でなければならない」という空気感に対するストレス。理想とされる就活生像とのギャップに自分が無価値に**

思える。自分に自信が無いため態度を繕おうとし、面接などの場でフラットに振る舞えない」といった深刻な苦しみを生む。

4 「人物重視」という基準

正解がない

企業側は、時には数千~数万人にもなる応募者を、どのような基準で選考しているのだろうか。実際にはさまざまな評価基準があるだろうが、就職活動において学生側に提示されるのは、大きく言えば「私たちはあなたの人物像を評価します」ということだけである。

どの企業を訪問しても、たいていプレゼンの最後には「求める人物像」といった見出しで、「責任感をもって物事に取り組むことができる人」「新しいことに果敢にチャレンジしていける人」「自らの意志で積極的に動くことができる人」「周囲を巻き込み目標を達成できる人」といった抽象的な人物像が挙げられる。どこの会社でも「語学力とか資格とかそんなものは後で身につければいいことです。私たちが重視するのはあくまでもあなたの人間性です」としつこいくらい念押しされる。

たしかに新卒に特定のスキルを求めても仕方がないし、言っていることはわかる。けれども、選考される側としてこれではなす術《すべ》がない。

また、いざ合否が下されても企業から理由の説明があるわけではない。不合格の場合は、その旨《むね》を伝える簡単な通知（末尾に「今後のご活躍をお祈り致します」「今後のご健闘をお祈り致します」といった一文が添えられることから、「お祈り」「お祈りメール」と呼ばれる）が届けばいいほうで、選考時に「＊＊日までに連絡がなければご縁がなかったものと思ってください」と伝えられ、それきりの場合が多い（不合格の場合に通知すら送られてこないことは「お祈り」から転じて「サイレントお祈り」と呼ばれる）。合格の場合も基本的には次回選考の連絡を受け取るだけで、学生は実際には自分のどういった点が評価されたのか、また何が評価されなかったのかがいっさいわからない。

調査回答でも、次のようなものが見られた。

「採用基準が明確でない」

「不採用となった理由が分からない」

「何を見られているのかわからない」

「選考結果の理由がわからない」

「履歴書や面接の後に合否の連絡があっても、なんで通ったか、又はなんで落ちたか分からない場合が多かった」

「セミナー、OB訪問等がどの程度採用に関係あるのか分からない」

「正解がない」ことによる苦しみも見られる。

「何をやってもやり切った感がない」

「自己分析や志望動機に完成がないこと。ここまでやったからオッケーとおもえない」

「ESや面接のたびに、「正解」を求められてるようで息苦しかった」

中には、次のような採用基準そのものに対する不満もある。

「高校名で落とされているのではないかと感じた時のやるせない気持ち」

「学業が重視されないこと」
「評価の尺度が変わったこと。大学まででは学力や思考力を鍛えろと言われるのに、社会ではむしろそうしたものが邪魔になることが多く、あまり勉強してこなかったように見える体育会出身者が就職活動では有利なこと」

他に、「やりたい仕事がその企業にあるのに、そこで働いてる人と、性格や考え方、人柄が違うことが多かった。そうなった時に、採用時に「人柄」を企業側も重視するし、その後の仕事も「人柄」で評価されそうだから、やりたい仕事という観点から仕事選びがしにくかった」といった記述もあった。

いつどこで誰に見られているのかわからない

「人物を見ます」と言われてしまうと、いつどこで誰に評価されているのかわからない。それは、評価される側に絶え間ない緊張を強いる。

学生は、説明会・セミナー、ＯＢ・ＯＧ訪問、エントリーシート、Ｗｅｂテスト、リクルーター面談、グループディスカッション、個人面接、またこれらの予約や連絡にいたるまで、およそ少しでも社員から評価されている可能性がある場合、一分一秒たりとも気を抜けない。説明会を聞く姿勢、手書きのエントリーシートのきれいさ、説明会やセミナーへの参加回数、ＯＢ・ＯＧ訪問の回数等々、どこを評価されるのか気にし始めたらきりがないため、すべてを最大限きちんとしようとすることしかできない。

就職活動中、これも評価されているんだろうか、今も選考されているんだろうかと気にするうちに、これはまるで「一望監視施設《パノプティコン》」ではないかと思うようになった。

パノプティコンとは、二〇世紀フランスの哲学者ミシェル・フーコーが著書『監獄の誕生』で紹介しているもので、もともとは一八世紀にイギリスで功利主義を提唱したジェレミー・ベンサムによって、監獄の効率化のために考案された概念である。

パノプティコンでは、中央に看守塔が立ち、その看守塔を囲む形で円形の独房が並ぶ（図3）。看守塔からはすべての独房をぐるりと見渡すことができるが、看守塔にはブラインドがかかるため、囚人のいる独房側から看守塔内部の様子はわからない。

図3　パノプティコン（ステイトヴィル監獄，アメリカ，1920年代）

この場合、実際には看守塔の中に看守がいる必要はない。囚人は、いつ自分が監視されているのかいないのかわからず、監視されているかもしれないという可能性からつねに自己を規律するようになるからである。

就職活動を監獄に喩《たと》えるのは大げさに見えるかもしれないが、学生を評価する側の企業を看守、評価される側の学生を囚人に当てはめて考えてみると、共通することは多い。いつ誰に見られているのかわからないので、万一のために、見られてもよいようつねに心構えや準備をしておく。「見られているかもしれない」という可能性によって、自分自身を規律する。

フーコーは、パノプティコンでは「自分がみずからの服従強制の本源になる」と表現しているが（『監獄の誕生』）、自分でみずからをつねに監視することはたいへんな緊張や疲労を招く。調査回答で**「気を張ってなければいけないので疲労がたまる」**といった記述が見られるのもそのためだと言える。

嘘くさい自己ＰＲを信じ込む

「人物重視」の採用は、自己ＰＲを必要とする。大多数の学生にとっては、この慣れない自己ＰＲへの困惑もある。

ＮＰＯ法人ライフリンク代表の清水康之は、ある就活生が、「自分たちは小さい頃から周りと同じようにしなさいと言われ、自分の存在を消すように努力して生きてきたのに、いきなり就活で「あなた」を問われて驚いた」と語ったことを述べている

（清水「視点・論点　〝就活自殺〟の背景に迫る」）。

自身も就職活動を経験し、就活中の大学生を描いた小説『何者』で直木賞を受賞した朝井リョウも、就活が精神的につらいのは「自分のことを良く言い続けなければならない活動だから」ということが大きく、子どもの頃から母親に人前で「うちの子って馬鹿で」と言われながら育ってきたのに、「急に「あなたの長所は何ですか」という質問にはきはき答えろなんて、全然違う食生活を強いられるようなもの」だと述べている（朝井「なぜ僕たちは「就活」におびえるか」）。

日本において、就職活動以前の進路決定は、基本的には学校や部活動、試験での成績を評価基準にしておこなわれており、自分自身について人前で説明し、ましてや「人物像」といった抽象的な基準で評価を下されるという経験を積む機会はほとんどない。目立たないこと、謙虚であることが美徳とされる文化で育ってきた人にとって、数十〜数百という会社に自分を売り込むことは、まったく未知の行為である。

それでもまだ、自分の話す内容に自信をもてるのならいい。けれども就活の面接で話すのは、「仕事に活かすことのできる」自分の人格であって、たとえば中途採用であれば自身の経験やスキルをアピールできるが、新卒にそんな武器はなく、当然話の内容は薄っぺらくなる。自分でも「働いたこともないくせに」と感じながら、すでに社会で立派に働いている大人に向かって、取るに足らない学生時代のエピソードに「粘り強い」とか「周囲と協調して目標を達成できる」といった言葉を付け足して演説しなければいけない。相手も大まじめに相槌《あいづち》を打ったり掘り下げたりしてくるのが悲しい。これはほとんど罰ゲームに近い。

調査回答でも次のようなものがあった。

「大したことない自分の過去を美化して、自分を過大評価して企業に売り込まないといけないこと」

「選考において自分をよく見せようとしなければならなかったこと」

「面接のすべて。いい子ぶること」

「就活全般に言えるのはやはり皆ええ格好しいでお互いに見栄を張っているのがわかるとき」

「どういう言葉でどのように話せば、短い時間で相手に自分が伝えられるのか分からなかったこと」

「面接で自分を説明すること。言葉よりは行動で何ができるか説明できる場があればいいのにと何度か考えた」

「面接の場でしっかり自己アピールができるのかという不安（説明会のシーズン。これについては面接を重ねる中で払拭《ふっしょく》されつつあった）」

「面接前の緊張感」

「面接が必ずしもうまくいかない」

「面接で何かへまをするのではないかとドキドキした」

また、そういう自分は嘘くさく、演技をしているように感じられる。調査回答でも次のような表現が見られた。

「いつでも明るく元気な学生を演じなければいけないところ」

「何事も慣れというのがあって就活の後半は楽しすぎて、演じることが面白くなってきた」

朝井リョウの小説『何者』の主人公も、「嘘でもいいから今から面接用に話すことを固めておけば、実際に面接で話すころにはそれが本当のように思えてくる」と言い、就活がつらいものだと言われる理由のひとつについて、「そんなにたいしたものではない自分を、たいしたもののように話し続けなくてはならないことだ。いまからこの模擬ESで準備をしておけば、自分を騙《だま》し続けることになるスタート地点が早くなる分、面接を受けるころにはもうその点のつらさに麻痺《まひ》することができるかもしれない」と独白する。

就活生にとって、「たいしたものではない自分」を「たいしたもののように」語ることは、それ自体「嘘」「自分を騙す」ことであり、素《す》の自分と選考用の自分とのギャップに苦しめられないようにするためには、みずからにその「嘘」を言い聞かせ、信じ込ませることが必要になるのである。

これは、アメリカの社会学者A・R・ホックシールドが「感情労働」と呼んだ行為のうち「深層演技」に似ている。「感情労働」とは、たとえば接客業などにおいて自分の感情をコントロールして外見を演出することで、飛行機の客室乗務員（キャビンアテンダント）がその典型とされている。その中でも、自身の感情とは不一致でも、その場に適した感情を表現しようとすることを「表層演技」、それにとどまらず、自分の感情と表現される感情を不一致のままにせず、自身の感情そのものを望ましいものに変えてしまおうとすることを「深層演技」と呼ぶ（ホックシールド『管理される心』）。

就活生が、面接官や採用担当者によい印象をもってもらうために、自身の感情や表現をコントロールしていると考えれば、就職活動はもっぱら感情労働であり、そのために「自分を騙す」ことが必要とされるのなら、それは深層演技により近いと言える。

前述した、「いつどこで誰に見られているかわからない」という点を考慮すると、就活生が感情労働をおこなっているのは選考中に限った話ではない。ひとたび社員の目の届くところに赴《おもむ》けば、社員の話を興味深く聞いているように装ったり（あるいは実際に「興味をもたなければいけない」と思ったり）、他の就活生とにこやかに会話したりせねばならず、**「いつでも明るく元気な学生を演じなければいけないところ」**に負担を感じるのも当然だと考えられる。

ホックシールドは、感情労働に人間が払う代償として、「燃え尽き」や「私は演技をしているのであって不正直だ」と自分を非難してしまうこと、「私たちはただ夢を売っているだけだ」と皮肉な考えをもってしまうことなどを挙げているが、就職活動で自分が「いい子ぶっている」「演技している」と感じる就活生すべてがこの状態に陥る危険性がある。

「人物重視」との矛盾

いたるところで「人物重視」の採用を謳われれば、学生は、自分の個性が尊重されると考え、「自分がどういった人物なのか」を理解してもらおうとする。

そのため、企業の選考方法や選考基準が画一的・表面的に見えることがあると、自分の人格を十分に表現させてくれない、自分の人格を尊重してくれないと感じてしまう。たとえば調査回答では次のようなものが見られた。

「エントリーシートや短い面接だけで自分の価値を判断されたかのようになってしまうこと」

「エントリーシートの設問で今までの人生を上手く表現しきれない自分に対するいらだちと、同じような（表面的な）質問をしてくる企業に対するいらだち」

「たった数分で評価されるバカバカしさ。それに対し上手に嘘で乗り切る人が勝つ茶番さ」

「素の自分を本当にわかってくれているのかという疑問（不信感）」

第Ⅰ部第2章でも述べたように、近年はインターネットや就職ナビサイトの普及によって、企業によっては応募者数が数千~数万の単位になっており、「人物像」を見るとは言いながらも、「落とす」ための選考をしなければならず、学生にはそれが矛盾のように感じられることも多い。朝井リョウは次のように語っている。

> 人それぞれに長所はあるのに、〝コミュニケーション力〟とかいう大雑把なもので自分をはかられてしまうのは、やはり理不尽です。面接でいかに三〇分間うまく話せるかということで判断される。（中略）
> 面接がうまくいくというのは、単に一つの能力に過ぎないと思います。逆上がりができるとか、一輪車に乗れるとか、そういうことと同じ。逆に言うと、だからそれだけで選ばれても、「いいんですか？　本当に？」という気持ちになります。面接ができるからと言って逆上がりもできると思ってませんか？　って。
> （朝井「なぜ僕たちは「就活」におびえるか」）

企業は「人物重視」の採用基準のもと、学生に個性の表現を求めるが、実際のところ学生の人格は「コミュニケーション力」といった「大雑把」で画一的な基準によって評価されてしまう。

もうひとつ、就職活動において重要な評価基準は、その会社への「志望度」であるが、これも就活生にとっては表面的な基準に映る。大量応募が常識となった就職活動では、一部の学生に複数の内定が集中し、あとからそれを辞退されてしまうことが、採用活動にコストを費やしている企業にとってはもっとも大きな問題となった。そのため、とくに選考の終盤では、「内定を出したら本当に入社するのか」を示す「志望度」が非常に重要になってくる。ある会社と迷っているとか、ある会社の結果を待っているといった事情を正直に話しても、中には考慮してくれる会社もある。しかし、内定をもらうためには、どんなに志望度が低い会社であっても第一志望と明言しなければいけないということが就活生の常識になっている。

企業側からすると、志望動機や志望度を含めての人物採用なのだろうが、学生からしてみれば、それらは自分の人格とはなんら関係のないただの嘘なので、自己PRよりそれらを重視されると、結局自分の人柄なんて関係ないじゃないかという気分になる。

小説『何者』で、主人公と同様に就職活動中の友人は、「特にそんなに行きたいわけでもなかった」会社の最終面接で失敗し、「別に誰もこの会社なんか第一志望じゃねえっつうの！」「いつでもどこでも第一志望の顔しなきゃいけないのってつらいよな。そんなわけねえじゃん、てか面接官お前も就活のときそうだっただろ？　ってなる」と漏らす。

調査回答では、**「第一志望ではないと正直に答えたところ、6次面接で落とされたこと」**、また内定辞退を阻止するための頻繁な連絡や面会を指す**「内定後の執拗《しつよう》な囲い込み」**への不満も見られた。

人物重視と言われ、いつ評価されているのかわからない緊張を強いられながら、必死に自己PRをおこなったにもかかわらず、選考方法や基準が表面的・画一的に見えたり、これっぽっちも思っていないのに第一志望と嘘をついた人が受かっているのを見たりすると、自分の人格の価値なんてそんなものだと言われたように感じられる。そうした状況で不合格だった際のショックはなおさらだが、それは第I部第8章で扱う。

5　就活する自分

「就活生」への抵抗感

就活中、行く先々で他の見知らぬ就活生、とくにその大群に出くわすのが嫌だった。

就活生の、他の就活生に対する感情には複雑なものがある。調査回答でも次のようなものが見られる。

「周囲の人が、社会貢献したいとか急に考え出す違和感」

「ザ、就活生に偏見をもちつつもそうならなきゃいけない自分に」

「とりあえず就活ムードが周りで醸成されていると感じる時」
「やたらとやる気のある他の学生を見て、自分の気持ちが冷めてしまうこと」
「アリンコほどうじゃうじゃいる就活生、こいつらみんな年下なんやなぁという悲しい気持ち」

一人の就活生にとって他の大勢の就活生は、ライバルや競争相手であるというだけではなく、「違和感」や「偏見」をもつ対象であり、見ると「自分の気持ちが冷めてしまう」ほどの存在であることがわかる。

どうして、自分と同じように就職活動をおこなっているだけの他者にこうした感情を抱いてしまうのだろうか。

社会に従うという決断

そこには、就職活動という行為の特徴とアイデンティティとのかかわりがあると考えられる。まずは就活生にとっての、高校や大学といったそれまでの生活と比較した場合の就職活動の特徴について考える。

　みずからも就職活動を経験し、その体験をエッセイや小説に描いた朝井リョウは、自身の大学生活を、義務教育や実家といったそれまでの「「装置」から外れ、初めて自分の人生を構築するものの優先順位を決める壮大な時間」だったと述べる。高校までの学校生活のように、決められたことに従って動いていればよかった「お客様」ではなくなり、自分自身で身の回りのすべての事柄に順位をつけ、選択できるようになる。そこでは、何を選ぶかは自分の責任になるが、自分の選んだものによって自分が形成されていくことの喜びを得ることができる。それを経験したあとの就職活動は、「見えない何か」によって「やるべきこと」が決められてしまう、「もう一度現れてしまった邪魔な「装置」」であった（朝井「なぜ僕たちは「就活」におびえるか」）。

　たしかに、誰にも何も強制されることのなかった大学生活に比べれば、やるべきことが決まっている就職活動の自由は少ない。では就職活動とは、単純に、自由な大学生活を経たあとに、高校までのような「装置」に逆戻りすることなのだろうか。就職活動と高校までの生活とを比べてみても、やはりそこには違いがある。

ひとつは、すでに自分は一度「装置」から外れ、選択の自由と責任をもっているということである。高校までの生活と就職活動とでは、「やるべきこと」が決められているという共通点はある。しかし、「やるべきこと」が決められているその環境（朝井の言う「装置」）に身を置くこと自体の選択について考えると、高校以前では本人の意思によるものという意識は薄いのに対して、一度選択する自由と責任を身につけた大学以降では、「就職活動をする」ということそれ自体を、みずからの意思として「選択」しなければならない。

本来は「就職活動をする」以外にも無数に広がっているはずの選択肢を捨て、「就職活動をする」ことを選ぶのは、それがどれだけ一般的な行為であったとしても、まちがいなく本人自身である。それを選んだのは自分自身なのだから、高校までの生活のように、大人に押しつけられたと文句を言うことはできない。誰かに「やるべきこと」を決められていたとしても、それを自分に課すのは自分自身なのである。その葛藤は、**「「働く」という楽しくない事に意欲的に取り組まなくてはいけないつらさ」**という回答に象徴的に表れている。

もうひとつは、「やるべきこと」とそれを評価する者との関係である。高校以前の生活での「やるべきこと」は、勉強や部活動に取り組むこと、周囲と協調すること、生活ルールを守ることなど、基本的にはそれを評価する大人とは独立した行為であった。

しかし、就職活動において「やるべきこと」、とくに「人物重視」の採用においてやるべきこととは、端的に言えば評価する側の大人に「気に入られること」になる。もちろん面接官も、自分の主観や好みだけで判断はしないだろうが、人が人の人間性を評価するのだから、「気に入られること」は重大な意味をもつ。

つまり就職活動では、「やるべきこと」の対象とそれを評価する者が一致している。もちろん高校以前の学校生活でも、教師など大人に気に入られたほうが高い評価を得やすい場合はあったが、教師には成績や順位など客観的な指標を考慮したうえで評価することが求められるため、高く評価される人物と、教師のお気に入りの人物が必ずしも一致していなかった。高い評価を得るために大人に媚《こび》を売ることは必須の条件ではなかったのである。

しかし、「人物重視」の就職活動においては、そうした客観的な数値や指標は評価の根拠にならない。指標がないので、態度で示さなければいけない。企業の求める人

	高校以前	大学	就職活動
「やるべきこと」が決められているかどうか	決められている	決められていない	決められているが，実行は任意
評価者	教師など	いない（いるとすれば友人等だが進路への直接的影響は少ない）	採用担当者や面接官
やるべきことの内容	勉強や部活動，周囲との協調など，評価者とは独立・客観的な評価基準がある	決められていない	採用担当者や面接官など，評価者に気に入られること・客観的な評価基準はない
服装	強制（明確な規定がある）	自由	任意（明確な規定がない分，どこまで無難な服装をすればいいのかわからない）

表1　高校以前・大学・就職活動の比較

物像に自分を近づけ、評価者に気に入られることが必要になる。

高校までは、決められたことをすればよかった。大学では、自分の決めたことをすればよかった。就職活動では、決められたことを自分の意思でおこなわなければいけない。しかも、高い評価を得るためには、評価者に気に入られなければいけないのである（表1）。

小中学校の「優等生」が、時に「良い子ぶりっ子」と仲間内で嫌われるのは、自分たちを評価する存在である教師に気に入られようとする姿に周囲が「姑息《こそく》さ」を感じることが原因だったように思う。しかし就職活動は、今までそれを避けてきた人にも真っ向からその行為を要求する。そう考えれば、第I部第4章で述べた学生の自己PRへの抵抗感の強さにも納得できる（**「面接のすべて。いい子ぶること」「いつでも明るく元気な学生を演じなければいけないところ」**）。

就活はダサい

こうしたことから、就職活動をおこなうことは、どこか誇れない。大人に媚を売って気に入られようと必死になることへの抵抗感と、それを選択するしかない自分への失望を同時に味わうからだ。就活は、泥臭く、みじめで、格好悪い。それをおこなわなければ生きられない自分も同様の存在であるという現実を、就活は突きつける。

朝井は前述の記事で次のように述べている。

就活から本当に逃れるためには、「自分にしかできないこと」が必要です。でも一〇〇人いたら九九人にはそんなものはありません。いくら自分はこういうことをやりたいんだ、とか言っても、結局は「就活」に呑《の》まれていく。だからそうやって「自分にしかできないこと」を見つけようと頑張っている人を笑って、自分を守るんですよね。

「就活」は、自分が、死ぬまで自分のこの能力で、自分のこの姿で、生きていくことを思い知らされる場面でもあります。（中略）まわりのお膳立てに従って動いているうちに、「何者」かになれる、そんなことはもう起こらないという事実を突きつけられるのです。自分で何かしないと「何者」にもなれないのです。

（朝井「なぜ僕たちは「就活」におびえるか」）

調査回答にも、**「将来の見通しの無さ。不安。ここでこの先の人生、自分が何者であるかが決まってしまう事への恐怖、嫌悪感」**といった記述が見られた。朝井のこの主張は、小説『何者』の終盤で、冷静な主人公・拓人から、一生懸命就職活動に取り組む姿を「ダサい」「イタい」と秘かにばかにされていた友人・理香が思いを吐露《とろ》する場面に結実する。

「いい加減気づこうよ。私たちは、何者かになんてなれない」

「自分は自分にしかなれない。痛くてカッコ悪い今の自分を、理想の自分に近づけることしかできない。みんなそれをわかってるから、痛くてカッコ悪くたってがんばるんだよ。カッコ悪い姿のままあがくんだよ。だから私だって、カッコ悪い自分のままインターンしたり、海外ボランティアしたり、名刺作ったりするんだよ」

「今の自分がいかにダサくてカッコ悪いかなんて知ってる。海外ボランティアをバカにする大学生や大人が多いことも、学生のくせに名刺なんか持って、って今まで会った大人たちが心の中できっと笑ってることも、わかってる」

「笑われてることだってわかってるくせに、そんなことしてるのは何でだと思う?」

「それ以外に、私に残された道なんてないからだよ」

「ダサくてカッコ悪い自分を理想の自分に近づけることしか、もう私にできることはないんだよ」

「だから私は誰にどれだけ笑われたってインターンも海外ボランティアもアピールするし、キャリアセンターにだって通うし自分の名刺だって配る。カッコ悪い姿のまま、がむしゃらにあがく。その方法から逃げてしまったらもう、他に選択肢なんてないんだから」

本当は「自分にしかできないこと」なんてない。自分は、「死ぬまで自分のこの能力で、自分のこの姿で、生きていく」しかない。社会に従わなければ生きてゆけない。その泥臭さ、みじめさ、格好悪さを理香のように正面から受け止められている就活生はそんなに多くないのかもしれない。そしてそれは、拓人のようにプライドが高く、「大人に気に入られること」に頼らずに生きてきたような人にはより難しいことなのかもしれない。

社会学者の安田雪は、「俺は就職活動などしない。企業の歯車になるのは嫌だ」と言っていても、実際には「ほとんどすべての学生が手のひらをかえしたように就職活動に入る」が、「一時的にせよこのような抵抗を示す学生のほうが、いったん活動を始めると真剣になり、むしろ良い成果をあげる場合が多い」と指摘する。それは「ともかく就職でもしないと、どうしようもないし……、みんながする以上、自分も」といった消極的な発想で、何の問題意識もなく就職活動を始める学生に比べ、「彼らは自己の内部で、自己認識と職業に対する葛藤を一度消化する」からである。「人生において、就職をせずに自力で頑張ってみたいという発想を一度持つことによって、自らがそれを実現することの困難さをはっきりと認識」し、「職業に対する自覚が生成される」のである（安田『大学生の就職活動』）。

「ダサくてカッコ悪い」自分を受け入れられなければ、同じ状況にある他人のことも、もちろん受け入れられない。自分の中の受け入れがたい部分を共通してもつ他者がいれば、嫌悪感を抱き（いわゆる「同族嫌悪」）、同一化したくない・同一視されたくないと感じる。他の就活生への複雑な感情には、そうした隠れた意識の反映があるのかもしれない。

「就活生」への視線

そうした自意識の葛藤を抱えながらおこなう就職活動では、外部からの視線もストレスになる。

「シューカツを巡る〈大人〉の欲望のまなざし」と題した論考を雑誌『現代思想』（二〇一三年四月号）に寄せた栗田隆子は、自身の参加したある集会において、某新聞社の記者が、「最近の就職活動の大学生の鬼気迫る様子はどこか異様だ」と述べた際の出来事を紹介している。その発言は、大学生を皮肉るつもりには聞こえず、「むしろ心配し、気遣うようなニュアンス」であったが、それに対し、二〇代と思われるある女性が次のように意見を述べた。

ものすごい、ショックです。私たちは、就活を必死にしなければ仕事が得られないし、そこで仕事が得られなければアルバイトしかない。それじゃあ、生きていけない。その就職しようとしている必死な様子を、異常と言われるなんてショックです。しかもその会社に入りたいと思って頑張っている学生たちに、その会社の人が、そんな感想を持つなんて……とにかくショックです。

栗田はこの発言に納得し、「大人はやっぱりいやらしくなってしまう」と述べる。管理教育という言葉が出だした頃、大人は「今の子ども達は可哀想だ、こんな風に管理されて」と社会を批判した。先ほどの新聞記者の「どこか心配と好奇心がないまぜとなった」発言は、当時のそうした様子と奇妙に重なって見える。「大人達のシューカツを巡る視線はどこか生き生きしてしまう」。かつての「就職活動」と、昨今の「就活」「シューカツ」との響きの違いは、この大人たちの「就職しようとしている「若い」人を取り囲む欲望のまなざし」にある。

若い人に、黒いスーツや鞄や靴・ヘアスタイルといった服装、緊張感をもった挨拶や応答・身のこなしをさせ、「それを品定めし、あれはいい、これはいいと評価を与える大人」の光景はアイドルのオーディションのようでもあり、「むしろ大人達が、格好も含めて、あるスタイルに仕立て上げることに喜びを感じて」いるように見える。栗田は、そうしたことが「なにより快楽」であることを「はっきりここで認める必要がある」と指摘する。

シューカツには、過労死、セクハラ、パワハラ、解雇、低賃金、労働組合、社会保障や税金といった現実的な言葉や概念が存在せず、「入社することだけに全力投球する」ことが望まれる。そこには「何も知らない、うぶでかわいい子どもであることを望む大人の欲望」がある。それにもかかわらず、若者が「うぶな気持ちで右往左往していればとたんに「かわいそう」と言いたがる大人たちを「「いやらしい」と言わず、なんと言えばいいのか?」。つまり栗田は、大人には、うぶで世間知らずで純粋無垢《むく》な子どもが、夢や憧れをもって努力する姿を見て、心配したり助言したり教育したり評価したりしたいという欲望があることを指摘しているのである。

栗田は、この欲望は自身の勤め先で上司が企画した合コンにおいて、「むしろ当事者よりも周りが盛り上がっていた」経験にも共通すると述べている。もしかしたら就活生自身にも、こうした欲望を抱く側に回った経験が一度はあるかもしれない。たとえば高校や大学に入学したあと、一生懸命な受験生を眺めたり、部活動やサークルを引退したあと、後輩たちの姿を見守ったりすることは、どこか楽しい。自分は無関係の場所に身を置き、若い人や後輩を眺めて、心配したり助言したり評価したりすることには、「がんばってほしい」という純粋な応援の気持ちだけでなく、どこか冷ややかしのような楽しさがある。そこには、自分がもはやその苦しみとは関係がなく、傍観者でいられることの優越感や安心感も含まれているだろう。自分よりも若い人の一生懸命な姿を見ることで、そうした欲望を満足させながら、一方では「かわいそう」と同情してみせる。そうしたことが栗田の指摘する「いやらしさ」なのである。

『何者』の理香が、「海外ボランティアをバカにする大学生や大人が多いことも、学生のくせに名刺なんか持って、って今まで会った大人たちが心の中できっと笑ってることも、わかってる」と発言するように、おそらく多くの就活生が、大人たちのそうした視線の存在に気づいている。自意識の葛藤に加えて、そうした視線につねにさらされながら就職活動をおこなうことには、表現しにくい苦痛がある。

リクルートスーツが象徴するもの

こうした「就活生としての自意識」や「大人たちからの視線」は、就活生の一様な服装に対する不快感に象徴的に表れている。たとえば調査回答では次のような記述が見られた。


「スーツが精神的にも肉体的にも苦しい。みんな同じ格好で集まる気持ち悪さ」

「気持ち悪いまでにみんなで同じ格好をしなければならなかったこと」

「企業に言われているわけでもないのに黒いスーツを着ないといけないこと。とくに服装自由と書いてあるセミナーなどでも空気を読んで過半数がスーツを着てくるし自分も浮くことが怖くて結局リクルートスーツで行くこととかが意味がわからなかった」

「同じ服装、同じ身体技法で学生を押しなべて値踏みされるのが不快だった」

「決められた髪型、服装」

「髪型の自由がきかないこと」

「服装や髪型まで一緒にする理由がわからなかった」

「皆が一斉に就活を始めることが異様だと思った。服装や髪型まで一緒にする理由がわからなかった。外見は清潔感があればそんなにこだわる必要ないのでは？」

近年就職活動をおこなう学生は、男女問わずほとんど全員、真っ黒なスーツで身を包む。誰かがそうでなければいけないと決めたわけではないのだが、就職関連情報には決まって「地味なものが無難」と書いてあるし、誰もそんなところで余計なリスクを取りたくないので、結果的に、全国に何十万人といる就活生が、スーツ・鞄・靴・時計・髪型・化粧にいたるまで、みんなほぼ同じような格好で就職活動をおこなう状況になっている。右に挙げた調査回答でも「みんな」「気持ち悪い」という言葉が多く見られるのが特徴的である。

同時に同じ場所に集まる集団がみんな同じ格好をしていれば、「気持ち悪い」と感じるのは自然の反応とも思えるが、これらの回答からは、たとえば中学校や高校といった同一空間でみんなが着用していた制服に対してよりも強い抵抗感が読み取れる。それは、前述した「やるべきこと」と同様、就活で良しとされる服装は、「強制されていないにもかかわらず、大人に気に入られるために自発的にしなければならない服装」だからかもしれない。

大学では制服から解放され、好きなものを身につける自由や喜びを得ることができた。しかし就職活動では、誰にも強制されていないにもかかわらず、自分の意思で、大人に気に入られるための没個性的な服装に身を包まなければならない。しかも、制服と違い、模範や基準がわかりにくいため、就職関連情報を真に受けて、できる限り地味で無難な服装に走ることになる。

誰にも強制されていないのに、大人の評価を気にして地味な服装を選ぶ自分。それを受け入れられなければ、自分と同じ服装の集団と同一化したくないと感じるのは当然だ。しかも服装は、言葉遣いや振る舞いなど選考会場を出れば変えられるものとは違い、電車内でも街中でも、帰宅して着替えない限り、いつでもどこでも他の就活生と同一化・同一視されること、大人たちの視線にさらされることを許してしまう。

社会学者の樫村愛子は「若者にとってどんな時代であれ（売り手市場だけではなく買い手市場においても）、就職はアイデンティティ問題である」ということに気づいたという（樫村「『何者』と「就活デモ」を結ぶ線」）。どれだけ就職事情が厳しくなり、「内定がもらえるのかどうか」という根本的な不安が就活生に強くのしかかったとしても、その人生や自意識における就職の意味が後回しになるわけではないのである。

6　必要な情報の不足とノイズ

見えない選考の過程

就活生にとって必要な情報が不足していることも大きな問題だ。中でも重大なのが、採用スケジュールを定める倫理憲章の形骸化と、それにともなう選考過程の不透明性である（前述のように、二〇一三年九月、日本経団連が「採用選考に関する指針」を発表し、二〇一六年入社からの適用を念頭に、広報活動解禁を卒業学年前年の三月一日、選考活動開始を八月一日に繰り下げるとしたが、こうした問題の解決にはならないだろうと考えられる)。

第Ⅰ部第1章で触れたように、改訂「倫理憲章」では、選考活動の開始は四月一日以降と定められている。しかし、それは「面接等実質的な選考活動」に限ることと解釈され、とくに大企業では、エントリーシートや筆記試験等による選考は、それ以前に始まる。さらに、大量の応募者を選考しなければならない採用担当者の負担軽減や、優秀な人材の早期獲得といった目的から、実質的な選考にあたるはずのリクルーター面談やグループディスカッション、グループワークでさえ、早いところでは一月頃から始まる。また、これも前述のように、倫理憲章に署名していない企業ではこれよりもさらに早い段階から選考が始まる。

四月一日以前に選考をおこなうことは、倫理憲章に反した行為であるため、企業も堂々とはおこなえない。この点が、学生側に混乱を与えるもっとも大きな要因になっている。

その最たる例がリクルーター面談である。リクルーターとは、その会社の採用担当者以外で、多くは自身の出身大学の学生の相談やコンタクト役、また面談相手を担う、比較的若い年代の社員のことである。

多くの場合、会社説明会やセミナーに参加したり、プレエントリー・エントリーシートの提出をおこなったりすると、ある日突然リクルーターから電話ないしメールで連絡が来る。そして、「個別に会社への質問や就職活動をおこなううえでの悩みや疑問について答えたい」「人事のいない場所でざっくばらんに話したい」との名目で、日時や場所を指定される。

当日は、会社近くのホテルやカフェでリクルーターと待ち合わせ、三〇分ほどの面談をおこなう。当然、何も言われなくても服装はスーツで、選考されるつもりで質問や話す内容も考えておかなければいけない。リクルーターからは「今日は選考ではないのでリラックスしてください」「何でも気軽に質問してください」と言われるが、たとえその言葉を信じても、実際には選考されている。

リクルーター面談は、正式な選考ではないので、当然不合格の通知はおこなわれない。合格の場合は、次のリクルーター面談の連絡が来たり、(四月からの)人事部による面接の案内が来たりする。私の知る限り、リクルーター面談の選考フローにおける位置づけには、次の二通りがある。

ひとつは、採用ルートの入口がリクルーター面談しかなく、書類通過した応募者すべてにリクルーター面談をおこない、不合格者には再受験の機会がない場合。もうひとつは、ごく一部の優秀と思われる学生に対してのみ面談をおこない、案内が来なかったり、不合格になったりした人でも、人事部による正式な選考を受験することのできる場合である。

リクルーター面談は、選考方法として公式に発表されないため、例年どの企業がおこなっているかを先輩やインターネットから情報収集して把握しておかないと、OB・OGに声をかけられ面談をしたら、知らないうちに不合格になっていたという事態もありうる。

私が就職活動をしていた際も、エントリーした企業の社員から「説明会だけでは会社のことが十分に伝わらないと思うので、人事のいない場所で気軽に質問に答えます」と連絡があり、「僕には何の決定権もないので安心してなんでも聞いてください」と念押しされたが、数十分の面談のあと、その会社から選考の案内が来ることはなかった（同じ時期に同じ会社で同様の面談をした友人には、数日後に選考の案内が来たことを聞いた）。

それでも、それまで面識のなかった社員から突然連絡があった場合はそれなりの心構えをしていくが、エントリー以前から連絡を取っていた同じ大学の先輩から「面接の練習をしましょう」と呼び出され、就活が終わったあと、それが選考だった(しかも落とされていた)と聞かされたときは驚いた。

リクルーター面談の他には、説明会やセミナーの中でグループディスカッションやグループワークをおこない、それが選考として機能している場合がある。これも、事前に情報収集しておかないとわからないが、年によって選考方法を変える会社もあるため、確実な予測はできず、ただの説明会やセミナーだと思って向かった場合、心の準備もないまま選考を受けることになる。

人事部の案内する公式な選考については、選考過程として明示する企業が多いが、以上のような非公式の形の選考については、個人に連絡が来ない限り開催されていることすらわからない。中には公式な選考過程についてさえ明確に言及しない企業もある。

選考がしかるべき時期以外におこなわれ、かつその情報が不透明になっていることは、就活生に大きな負担をかける。またこれは、第I部第4章で述べた「いつどこで誰に見られているかわからない」という緊張や疲労に拍車をかけることにもなる。

予測不能な連絡におびえる

企業から学生への連絡が予測不能な形でおこなわれることも大きな問題である。就職ナビサイトや企業の採用ホームページには、個人情報を登録するとアクセスが可能になる「マイページ」と呼ばれる登録制のページがある。学生はそこから説明会や選考の予約、企業への問い合わせ等をおこなうことができる。企業が学生に連絡を取る際は、こうした登録制ページ上のメッセージや、メール・電話等が用いられる。

企業や採用についての一般的な問い合わせは学生からもおこなえるが、選考日程や結果については、原則企業からの連絡を待つしかない。まれに連絡する日時や方法を明確に示す企業もあるが、たいていは「選考結果は本日から＊＊日以内に電話又はメッセージ等にてお知らせ致します」とだけ伝えられるか、いっさい情報が与えられないかで、具体的にいつどのような方法で連絡が来るかは把握できない。

選考結果の通知にはさまざまなパターンがあるが、合格者と不合格者とで日時・方法に違いが出ることが多く、一般的には、評価が高ければ高いほど選考当日や翌日といった早い段階で連絡が来ると信じられており、不合格者には期日ぎりぎりに簡単な不合格通知が届くか、通知すら来ない。そのため、就活生は、選考が終わったその瞬間から、とくに志望度や感触によって、一刻も早い連絡を心待ちにしている。裏を返せば、連絡を待つ時間の分だけ、緊張や不安を強いられている。六四ページで述べたように、不合格通知の末尾に、「今後のご活躍をお祈り致します」「今後のご健闘をお祈り致します」といった一文が添えられることから、就活生の間で不合格通知は「お祈りメール」「お祈り」、通知すらなく放置されることは「サイレントお祈り」「サイレント」と呼ばれている。

NPO法人ライフリンクの調査では、一二二人中八七人がこの「サイレントお祈り」を経験したことがあると回答している（ライフリンク「就職活動に関わる意識調査」）。受験者は、早い段階で合格通知が来なかった場合、数週間ずっと不安な気持ちで過ごし、不合格通知が来るか、通知の期限が過ぎて連絡が来ないことを確認するまで待たなければならないが、期日すら明示しない企業もあり、そうした場合、学生はある程度の日数を経て「やっぱり落ちたのかなぁ」と自分で結論づけるしかない。これではあきらめもきちんとつけられない。

また、倫理憲章違反の問題や、折り返し電話の殺到を避けるために、受験者への電話を非通知設定でおこなう企業が多く、着信の際に相手がわからないことはもちろん、不在着信となってしまった場合に折り返せないことも就活生にとって大きなストレスだ。中には後日かけ直してくれる企業もあるが、採用人数の多い会社や人気企業では、一度不在着信となった受験者にはかけ直さないことが多く、その場合は一本の電話を取れなかったことが落選につながってしまう。

そのため就活生は、移動中も選考中も講義中も在宅中も、着信があればすぐに応答できるよう、つねに緊張した状態で待機しなければならない。いつどんな方法で連絡が来るかわからず、かつ一本の着信が合否にかかわるという状況はかなりのストレスになる。夜遅い時間に連絡が来ることもあるので、食事中や入浴中も気を抜けない。結果、リラックスできるはずの時間もスマートフォンを握りしめていなければならない。

調査回答でも次のようなものが多く見られた。

「合否の連絡がいつまでにくるかわからないこと」

「合否連絡がどのような形式かわからない」

「合否がいつくるかわからないこと。突然の電話など」

「面接結果通知日が不確定であること」

「合否連絡がいつくるかという心配。面接当日、翌日は連絡がくるかこないか落ち着かなかったです。お祈りメールすらこない企業もあったのでがっかりしました」

「面接結果の連絡が来ない企業があったこと」

「落ちた場合の連絡がないこと。サイレントお祈り」

「合否連絡がどのように/いつ来るか分からないのに、来たらすぐに面接予約しなければいけないので常に携帯を肌身離さず持っていなければいけないこと」

「連絡がいつ来るかわからなくて携帯が手放せないこと」

「面接後、結果が出るまでの不安がとてもつらかった」

「面接後の携帯への連絡を待つ時間」

「連絡が途絶え、落ちたのかという不安」

「合否の通知についてはいろいろ気を揉《も》む事があった。なかなか連絡をくれないところは計画が狂うのでやめて欲しかった。自分にとってはその場で合否を言ってくれた方が気が楽だった」

信憑性のない情報にすがる

選考方法や連絡方法といったきわめて重要な情報が正しく開示されない状態では、就活生は自分で情報を集めるしかなくなり、自分が十分な情報を得られているか、自分の知らないところで選考が進んでいるのではないかという不安や焦り、またそれによって信憑性のない情報も信じてしまうようになり、結果として消耗してしまう。

私が就職活動をしていたときは、大学同窓会とつながりのある会社が運営する就職活動サポートサイトがあり、人気があり受験者の多い企業に関しては、選考フローやリクルーター面談の有無、面接の内容や感触まで過去の先輩の体験談から調べることができた。こうしたある程度信頼できる情報源があることは、詳しい情報が何もない就職活動では大いに役立った。

しかし、すべての大学でこうした基盤があるわけではないだろう。というよりも、私は他の大学に在学したことがないのでわからないが、これはかなり特殊なケースのように思える。また、こうしたサポートサイトにも、当然すべての企業の体験談が掲載されているわけではなく、載っているものも一就活生の主観として書かれたものなので、あくまで補助的な手段にすぎない。

つまり大半の場合、学生は先輩から情報を聞き出したり、仲間と情報共有したりして必死に情報をかき集めなければいけない。「就活は情報戦だ」とよく言うが、大事な情報が開示されない現代の就職活動では、少しの情報をもっていないことが命取りになりうる。だからみんな何ひとつ逃すまいと、いろいろな会話に聞き耳を立て、有益な情報がありそうな場合はみっともないと知りながらも貪欲《どんよく》に集めにいかなければいけない。

第Ⅰ部第第5章で述べたようなある種の「目の当てられなさ」「ダサさ」は、こうした「自分の知らないことはないか」「取り残されているんじゃないか」といった不安や焦りによる必死の姿によるところも大きいだろう。またこのことは、第Ⅰ部第7章で論じる友人関係にも大きな影響を与えている。

しかし、どんなにがんばったところで、一学生が自分の足で稼ぐだけの情報には限界がある。すべての受験企業の選考について一定の情報を得ることは不可能に近い。こうした状況から、就活生は、インターネット上の信憑性のない情報にもすがるしかなくなり、結果的に振り回されてしまう。

インターネット上の情報には、おもに就活専用の大手口コミサイトや、掲示板のようなものがある。そのほとんどすべてが匿名で書き込むことができ、気軽に投稿や閲《えつ》覧《らん》をおこなえるが、その分信憑性にとぼしい。単に間違っていたり誇張されていたりする場合もあるが、他の就職活動生を混乱させたりやる気を削《そ》いだりするために、故意に間違った情報や冷やかし・いたずらが書き込まれることも多い。

選考前や後に、不安な気持ちを少しでも落ち着かせようと、情報を探し回るが、そこで見つけた情報によって余計に心を乱され、消耗してしまう。倫理憲章の形骸化が招いたあいまいな選考の存在や重要な情報の不足が、学生を疲弊《ひへい》させている。調査回答でも、**「ネットの情報に振り回されたこと」「様々な情報が飛び交うこと」**といったものが見られた。

情報不足による孤立

『何者』の主人公・拓人は次のように独白している。

就職活動において怖いのは、そこだと思う。確固たるものさしがない。ミスが見えないから、その理由がわからない。自分がいま、集団の中でどれくらいの位置にいるかがわからない。面接が進んでいく中で人数が減っていき、自分の順位が炙《あぶ》り出されそうになったところで、また振り出しに戻ってしまう。マラソンと違って最初からゴールが定められているわけではないから、ペース配分を考えるなんていう頭脳戦にも持ち込めない。クールを装うには安心材料がなさすぎるのだ。

これは第I部第4章で述べた、正解のないことから来る不安とも関係しているが、ここで注目したいのは「自分がいま、集団の中でどれくらいの位置にいるかがわからない。面接が進んでいく中で人数が減っていき、自分の順位が炙り出されそうになったところで、また振り出しに戻ってしまう」という部分である。正しい選考フローがわからなければ、当然自分がいま選考過程のどれくらいの位置にいるのかもわからない。また、連絡方法がわからなかったり連絡さえ来なければ、そもそも自分が受かっているのか落ちているのかすら把握できない。

第I部第4章で紹介したパノプティコンには、「いつ誰に見られているかわからない」という特徴があった。実は他にもうひとつ、重要な特徴がある。それは、次の引用のとおり、独房にいる囚人には、隣の独房の様子を知ることは決してできないという点である。

今や各人は、然るべき場所におかれ、独房内に閉じ込められ、しかもそこでは監視者に正面から見られているが、独房の側面の壁のせいで同輩と接触をもつわけにはいかない。（中略）密集せる多人数、多種多様な交換の場、互いに依存し共同するさまざまな個人、集団的な効果たる、こうした群衆が解消されて、そのかわりに、区分された個々人の集まり〔という新しい施設〕の効果が生じるわけである。看守の観点に立てば、そうした群衆にかわって、計算調査が可能で取締りやすい多様性が現われ、閉じ込められるものの観点に立てば、隔離され見つめられる孤立性が現われるのだ。

（フーコー『監獄の誕生』）

就活生にとって必要な情報が与えられないことは、不安や焦りはもちろん企業や社会への不信、絶え間ない緊張や間違った情報による混乱、そして孤立感さえ招く。こうした状況で多くの就活生が疲弊してしまうのは当然のことと言える。

不安を駆り立てるメディア

また、こうした情報不足の一方で、メディアによる過剰な情報が学生の不安を煽っている状況もある。

書店に行けば、就職活動の対策本や関連書籍が山のように積まれ、自己分析やエントリーシート、面接の仕方を指南する。就職情報サイトには、とうてい読みきれない数の企業紹介が並び、例年の就活生の平均エントリー企業数が表示され、「あと何社エントリーしましょう」と急《せ》かされる。経済誌は就職活動の特集を組み、どこかの企業の人事部長や人材コンサルタント、大学教授が、主体性なく生きてきた学生は要らないとか、海外に行けとか、こんな企業は危ないとか、就活生の親はどうすべきかを好き勝手説いている。

そんな、人格形成に関わるような話、いまさら言われても何もできない。そんな話は、就活対策という文脈で語られるべきではない。そのすべてに目を通し、実行できる学生などいないのに、そうした情報は、まるで学生の不安につけ込むかのように、仰々しい見出しや色遣いで強調され、目をそらすことができないほど溢《あふ》れかえっている。

学生が求めているのは、こんな情報じゃない。しかし、何をすればいいのかわからない不安と、一度しかない就職活動で成功しなければいけないというプレッシャーが、就活生にこうした情報を鵜呑《うの》みにさせ、余計に不安を生んでいる。

本当に必要な情報が不足し、不安を駆り立てる情報だけが過剰に供給される。こうした状況が、第Ⅰ部第3章でも扱った「**内定をもらうにはこういう人間でなければならない、という空気感に対するストレス。理想とされる就活生像とのギャップに自分が無価値に思える。自分に自信が無いため態度を繕おうとし、面接などの場でフラットに振る舞えない**」といった苦しみや、第Ⅰ部第5章で述べた、傍目《はため》には「異様」にも映る就活独特の空気感を生み出す。

就職活動の現状や就活生の立場・心境を理解も想像もせずに煽り立てるだけの情報は、就活生にとってはただの邪魔にすぎず、それにもかかわらず無視することのできないノイズとなっている。

就活生に本当に必要な情報は、正確な選考方法・連絡方法や、自分や現在の就活生の環境を理解し、親身になってくれる第三者からの助言であろう。相談相手の問題は、次章と第Ⅱ部で扱う。

7　友人関係に依存する就職活動

周囲との比較に疲れ果てる

社会学者の古市憲寿は、朝井リョウとの対談において、「就活って大変だなぁと思うのは、皆同じルールで、しかもある程度序列がわかるようなレースをしているから、ちょっとした差をお互いすごく気にし合いますよね。スクールカースト（双木注：学校内ヒエラルキーのこと。人気による序列）とも似ている現象だと思うんですけど」と発言し、それに対し朝井は「大学で、それぞれが活躍するマーケットが細かく分かれているからこそ、そこで専門性を発揮できてた人たちが、急に同じルールで戦うわけですからね」と返している（古市・朝井「「就活」という窓から見えるもの」）。

就活は、同じ時期に就活をおこなう友人や同級生との関係に、それまでにはなかった緊張をもたらす。前出の安田雪は、「学生同士の間では、マスコミや有名企業などに内定が決まった学生への評価が急激に高くなり、なかなか内定を取れない学生や、就職先がどうもぱっとしない学生への評価が下がったりする現象も生じる」と指摘している。その評価の変化は、「サークルやゼミ内部の、暗黙の序列が変化したりするほど」であり、「ちょうど高校生が大学を偏差値によってランクづけするように、学生自身も就職先を独自の判断基準をもってランクづけしている」。そして、「どのような企業に内定することを学生が評価し、どのような企業への内定が評価されないのか」、「このランキングの構造は、評価する学生の大学・学部・専攻・性別を問わず、ほとんど差異がない」（安田『大学生の就職活動』）。

インターネット上では、「就職偏差値ランキング」といった名称で、ちょうど高校受験や大学受験でよく目にする偏差値表のように、しかし誰が算出したのかわからない偏差値とともに、固有企業名・機関名をランク付けしたものが流布《るふ》しており、中には、出身大学や出身学部などの学歴に対してその就職先が妥当かどうかといったボーダー付けまでされているものもある。

同じような年の学生が、決められた採用期間の中でいっせいに就職活動に臨むために、就活生はつい他者との比較をおこなってしまうが、それによる精神的な消耗は大きい。

調査回答でも次のような記述が多く見られた。

「周りの就活状況を聞いて自分の就活状況と異なること」

「他の就職活動生と自分を比較することによる心理的ストレス」

「自分を周囲と比べてしまうこと」

「周りの友達と常に就活の話をし、自分と他者をずっと比較しているのが辛かった」

「周りの就活状況が自分のそれより良く見えてしまう」

「周囲と比べてしまい焦ること」

「ＳＮＳなどに就職活動の進捗状況を逐一書き込む友人がおり、やはり気になってしまい、見て焦ることがあった」

「たくさん活動している周囲の人をみて、焦りを感じた」

「どこからも内定を貰えないのではないかという不安。周りの人から取り残される感覚、焦り」

「周りが就活を終える中、全く決まる気配がなかったこと。これは最初のうちだけ。早々に志望業界故に仕方がないと割り切ったので大きなストレスは感じなかった」

「周りが決まっていく反面、自分は決まらなかった時」

「周りの就活生が順調に進むなかで、自分だけ取り残されるのではという不安」

「周りだけがうまくいって、自分だけ思うようにいかなかったらどうしようという不安」

「周囲の就活慣れテーラーの人と比較して、自分が考え方のズレのせいで必要以上に悩んでる気がしたけど、そのズレが何かも分からないし、こんな悩む人間は企業で使えないという自己否定」

こうした回答からは、周囲との比較が自己否定にまでつながってしまう様子がわかる。

また次のような回答からは、四月という一般的にはきわめて早い時期から自分と周囲の結果を比較してしまう様子がうかがえる。

「周りの友人が早く就職先を決めて行くなか、決まらないことで劣等感にさいなまされました（まだ四月二週めにも関わらず）」

「4月頃、周りの友人がどんどん内定をもらう中、自分は一つももらえなくて不安でした」

自身の学歴がプレッシャーになる場合もある。

「学歴に相応しい企業へいけるのかという不安」

「（一応）高学歴のささやかなプライドと進路の矛盾とか」

「逆学歴コンプレックス。良い大学を出ているのだからそれなりの企業に入らなければならない、というプレッシャー」

「友人においていかれる不安。周りの一橋生が次々に内定を取って行く中、自分は周りと比べてだめなんだと悲しくなりました」

次のように、周囲との比較に加え、友人関係そのものが就活の影響を受けて変質してしまうこともある。

「友人がいつも「就活」の話しかしなくなった件」

「周りの友だちと探りあいのような会話をしなくてはならないこと」

「自分が志望していたのに不合格となった会社に身近な人が内定をもらうこと」
「自分より他人がうまくいっていると、妬《ねた》むような気持ちを持つことへの罪悪感」
「周囲に対する僻《ひが》み（なぜ自分が落ちて彼が受かるのか、等）」

このように、友人同士でつねに就職活動の話をしなければならないことや、友人への妬みや僻み、またそれに対する罪悪感など、複雑な心境に関する回答が見られた。友人関係からそれだけのストレスが生まれてしまうのであれば、就活中は友人と極力会わないようにするなど、何か工夫をすればいいのではないかと思う人がいるかもしれない。たしかにそうなのだが、それは多くの就活生にとってとても難しいことである。もちろん、大学の集まりなどに参加すればどうしても同級生に会うことにはなってしまうのだが、そうした接触を差し引いても、就活中に友人を避けるのは難しい理由がある。

どうして就活生は、周囲と自分を比較してしまったり、友人関係が変質してしまったりするような状況でも、友人と距離を取ることができないのだろうか。

価値基準としての友人関係

ひとつには、第Ⅰ部第3章で述べたように、就活生は社会や職業について何もわからない状態で進路決定を迫られることが関係している。

自分の将来を決めるにあたり、何を優先すればいいのか、何が自分にとって重要なのかわからないということは、就職活動における価値基準や、就職活動の結果に対する判断基準がなく、自身の就職活動をどのように評価すればよいのかわからないということである。

受験など、就職活動以前の進路決定を、学校での成績や偏差値といった基準にゆだね、自身の人格的な価値を「スクールカースト」から見いだしてきた多くの大学生は、就活においても、どうしてもその価値基準を同学年の友人間での序列にゆだねてしまう。その結果、友人や周囲と比較したときに、自分がどれくらいの位置にいるのかということが、就活生にとって、無意識のうちにほとんど唯一の指標かつ関心となってしまう。

安田雪は、大学生が、大学名や学部による差別に対しては、あまり不公平感や敗北感をもたないことを指摘する。それは、大学受験時に形成された大学間の序列という価値観が強固なためで、学生は「自分の所属大学よりも明らかに偏差値が上であり、社会的に上位とみなされている大学の学生に、集団面接や採用試験で負けてしまうことはしかたないと割り切ってしまう」。しかし、「同じ大学でレベル的にも同程度と考えられる学生が、自分の志望する企業に就職を決めたという場合には、不公平感が強くなる」。

「一定量以上の報酬が、自分よりも力や地位が優れていると思われている者に与えられる場合には、個人は不満足をそれほど感じないが、自分が同等だと考えている、あるいは自分よりも劣ると考えている者に、自分が得ている以上の報酬が与えられる場合に、「自分に対して正当に支払われるべき報酬が奪われた＝剥奪《はくだつ》された」と感じざるをえなくなる」。

学生は、自身の準拠集団についてはみずからの体験として捉えられるが、そうでない集団との競争メカニズムは、労働市場の全体的な構造までを視野に入れなければつかむことができない。そのため「学生の大半は、自分自身と身の回りの準拠集団を比較したうえで、満足したり、不当だと感じたりする」のである（安田『大学生の就職活動』）。

こうした考えを踏まえると、学生が、自分の周囲、とりわけ同じコミュニティに属していたり、いつも行動をともにしているような親しい友人と自分を比較してしまうこと、またそうせずにはいられない状況が理解できる。

情報源としての友人関係

ふたつめには、第Ⅰ部第6章で述べたように、就活生の慢性的な情報不足がある。どの企業も自社にとって不利な情報は開示せず、選考過程や連絡方法はきわめて不透明で、情報収集をしなければ自分が不合格になったことさえわからない。第Ⅰ部第6章では、就活生はそうした不安からインターネットや各種メディアの情報に振り回されてしまうことを指摘したが、こうした情報収集は、匿名でない分、より信憑性の増す友人間において、より頻繁におこなわれる。

心理学者である下村英雄・堀洋元が文系大学生四九名に対しておこなった調査では、就職活動においてどの情報源を重視したかを二件法（「はい」「いいえ」）で回答を求めた結果、「会社説明会・セミナー」が第一回調査九八・〇％・最終調査七八・六％でともに一位、「同性の友人」は第一回調査九三・九％・最終調査七八・六％でともに二位であり（「異性の友人」は、第一回調査八七・八％で五位、最終調査五〇・〇％で八位）、友人情報が就職活動全般にわたって重視され続けていることがわかった。また、友人情報によって「自分の能力」「自分の性格」「自分の適性」など就職活動をおこなう自分に関する情報がもっぱら入手されていたことがわかった。

さらに、就職活動について友人と話す話題は、
（1）「面接で何を聞かれたか」「どこの会社でどんな風に面接を行ったか」といった「採用面接における質問内容」
（2）「お互いの就職活動の進行状況」
（3）「A企業はここまで進んでいる、B企業は来週から本格化するらしい、というような情報交換」「この企業は危なそうな面がある、これから選考が始まるのはここ」

「どこの会社がどれくらい進んでいるか」「入社後のその会社の情報」など、「個別の企業に関する情報交換」

（4）「互いの人生観や将来の夢」

に大別され、こうしたことから、就活生が選考や進行状況についての情報、個別の企業に関する情報について、友人からの情報に依存している様子がうかがえる（下村・堀「大学生の就職活動における情報探索行動情報源の影響に関する検討」）。

この調査は二〇〇〇年におこなわれたものだが、二〇一二年から二〇一三年にかけて就職活動をした私から見ても、現代の就職活動の様子をよく表しているように思える。

ライフリンクの調査でも、「あなたの就職活動に役に立っている情報源はなんですか（複数回答可）」という質問に対し、「友人・知人」が六九％で一位、「インターネット上の掲示板・SNSなど」が四五％で二位となっている。しかし、「あなたにとってプレッシャーになっている情報源は何ですか（複数回答可）」という質問に対しても、「友人・知人」が五一％で一位、「インターネット上の掲示板・SNSなど」が三八％で二位となっており、「友人・知人」や「インターネット上の掲示板・SNS

など」が大きな情報源となる一方で、それらがプレッシャーの要因ともなっていることがわかる（ライフリンク「就職活動に関わる意識調査」）。

相談相手としての友人関係

さらに挙げられるのが、就活生にとっての相談相手の不足である。

ライフリンクの調査において、「就職活動のことで相談できる相手はいますか（複数回答可）」という質問に対する回答は、「大学生の知人や友人」が一二一名中一〇四名で一位、「家族」が五八名で二位、また、「あなたには困難や問題に直面した時に頼れる人はいますか（複数回答可）」という質問に対しても、「学生の友人、知人」が一〇六名で一位、「親」が七九名で二位となっている。

就職活動の相談は、就職活動をしていない友人や、まだ経験のない後輩にはしづらい。また、すでに就職しているOB・OGは、「**なかなか結果が出ず、世話になった**

ＯＢに申し訳ないという気持ち」「応援してくださるＯＢの期待に応えられないこと」

といったようにプレッシャーの要因にもなってしまう場合があるし、そもそも、進路選択の悩みなど、個人的なことを相談できるようなＯＢ・ＯＧの知り合いがいない学生も多いだろう。就職活動を終えた先輩も、サークルや部活動に参加していなければ交流は少ないだろうし、彼らも卒業を控えて卒論執筆などに追われているかもしれない。

ライフリンクの調査において、「社会へのイメージや働くことへの意識など、就職活動を通して変わったことは何ですか」という自由記述式の質問に対し、「受験と違って、現代の就活を体験したことがある人はほとんどいない。後輩は就活のことを「なんとなく」しか知らないし、就職で苦労していない世代の大人たちも、「就活＝闘うもの」という感覚が理解できない。後輩の「大変そうですね」も大人の「頑張れ」も薄っぺらく聴こえる」という回答があったことが、こうした状況を端的に表している。

また、家族や親に関しても、調査回答では次のような記述が見られた。

「親の期待」

「周囲の期待」

「親への申し訳なさ」

「親に対する申し訳なさ、期待に応えられないこと」

「留学を経験し、1年卒業が伸びたので、周囲（家族、友人）からのなんとなくのプレッシャーを感じてた事」

「世代や考えの違う親からの期待や助言」

「親から志望業界に対して理解を得られず、内定が出ない状況にもう諦めればいいという趣旨のことを何度か言われたこと。入社後も理解を得られていないいままだが」


このように、大学の友人や知人に次いで相談相手に挙がった家族や親に関しても、プレッシャーの要因になったり、世代や考えの違いからかえって摩擦《まさつ》が起きる場合がある。

こうしたことを踏まえると、就活生が、数少ない相談相手として、就活仲間である同学年の友人に依存してしまう状況が理解できる。

しかし、その友人に対しても、前述した次のような回答が見られる。

「周りの友だちと探りあいのような会話をしなくてはならないこと」

「逆学歴コンプレックス。良い大学を出ているのだからそれなりの企業に入らなければならない、というプレッシャー。良い大学故に意欲的な人間が多く上記のようなことを相談できる人がおらずストレスを吐き出せない」

このように、同時に就職活動をおこなっているがゆえに自身の状態をさらけ出せなかったり、進路についての話は深刻になりがちだからと気が引けて言い出せなかったりする場合がある。つまり、就活生の相談相手は友人関係に強く依存しており、かつ友人であってもすべてを相談できるわけではないと言える。次のように、そもそもの相談相手が少ない場合、事態はさらに深刻になる。

「留年していたために一緒に就活をしている友人が少なく、情報共有したり、愚痴《ぐち》を言い合う機会が少ないこと」

「就活の時期が一般より早かったので、周りの理解を得にくかった」

以上から、就活生は、周囲との比較や友人関係の変化などに苦しみながらも、現実的には友人関係に依存して就職活動をおこなわなければならない状況に置かれていることがわかるだろう。

8　就職活動の結果が意味すること

自分自身を否定する「不合格」

第Ⅰ部の各章を振り返ると、就活生は、次のような状況に置かれていることがわかる。

（1）日本社会への不信とそれによる正社員・大企業志向、採用における新卒偏重、「自分のペース」が通用しない直線的なスケジュールから、「一度しかない」就職活動の強いプレッシャーにさらされている。

（2）各社の高い内定倍率、大量応募による過密なスケジュール、ダブルブッキングによる身体的・精神的・経済的負担を抱えながら、「落ちるのが当たり前」の選考にわずかな希望を見いだして何十社と受験し続けることを余儀なくされている。

（3）社会や職業について何もわからないまま進路選択を迫られ、その選択基準や説明方法として、就職と自身の内面を無理やり結びつける自己分析を強いられている。

（4）「人物重視」の採用の下、採用基準のあいまいさや納得・反省のしづらさ、学歴差別などに対する不信、「いつ誰にどこで見られているかわからない」ことによる不安や緊張、自己PRへのとまどいや感情労働による疲労、実際には画一的・表面的に見える選考への不満を抱えている。

（5）自分自身や他人からの「就活生」への抵抗感や偏見に囲まれながら、自分の意思として就職活動をおこなうことにより、それまでに培った自意識に大きな変化や葛藤を抱えている。

（6）倫理憲章の形骸化やそれによる不透明な選考過程、予測のつかない連絡方法など、必要な情報の不足による不安・緊張や孤立感に襲われ、不確かな情報やメディアに振り回されている。

（7）就職活動における価値基準・情報源・相談相手の不足から、依存せざるをえない友人との関係において、周囲との比較による落ち込み・焦りや自己否定、関係の変質といった精神的負担を抱えている。

いわば就活生は、選考中も移動中も在宅中も、身体も精神も思考も人間関係も、自身のすべてを就活に投じて、評価されることを強いられている。こうした状況で、結果として不合格を突きつけられることがどれほどの傷をもたらすかは計り知れない。

「選考で不合格になること」

「志望している企業からつぎつぎと縁をきられること」

こうした回答はもちろん、次のような回答は、志望度に関係なく、「不合格になる」という経験自体が就活生を傷つけることを示している。

「お試し感覚で受けた企業にＥＳ選考で落とされた事」

「それほどやる気がない会社でもお祈りされるとガッカリする」

また、最終面接など選考段階が進んだ場合や、手応えを感じた選考ほど、不合格になった際のショックは大きい。

「最終面接で落とされた時はさすがに凹みました」

「手応えがあった面接で落ちたとき」

「最終面接で落ちまくったこと。ＥＳ落ちを除けば面接落ちの７―８割は最終。精神的にキツかった」

前出の安田雪は、「選抜の初期段階ではなく、後の段階で振り落とされた経験を多く持つものほど、本人の就職活動全体についての不満足度が高くなる」と指摘する。「学生は一つの企業だけを志望企業としているわけではなく、複数の企業を第一志望企業群として位置づけ、それぞれに志望の順位をつけて」いるが、「第一志望企業群にターゲットを絞りつつ就職活動をすすめ、活動が進行していくにつれ、志望企業が特定されていく」。というのも、「企業を研究し、志望動機を考え、面接や試験に足を運ぶといった本人のコミットメントをとおして、企業に対する強い志望動機が学生に育つ」からである。そのため、「面接や筆記試験など、その企業に対して学生が時間やエネルギーを投資すればするほど、希望がかなわなかった時の失望感は大きく」なり、「最終に近い段階で選抜からもれてしまったということで就職活動全体の満足度が高くなりえない」（安田『大学生の就職活動』）。

ひとつひとつ不合格を突きつけられるたびに、自分自身が否定されているように感じるのに、これを何十回と繰り返していれば、いずれ深刻な自己否定へとつながってしまうのは当然のことである。

「選考に落ちると振り出しに戻り、前に進んでる感じがしないこと。長く続くと、気力が無くなってくる」

「なかなか結果が出ず、落ち込んだ気持ちや焦りを感じてしまった」

「プライドが高かったため、就活失敗でのセルフイメージが傷つくことへの恐れ」

「社会から必要とされてないのでは、と思うこともありました。たて続けに落ちたりすると、社会から見放されたような気になりました」

「何の能力もない人間と思い始める」

内定の有無や就職先がもつ意味

私が、本書の執筆に用いたすべての資料のうちもっとも衝撃を受けたのは、ライフリンクの調査において、「あなたは「就職先によって人の価値は、ある程度決まる」と思いますか」という質問に対し、「とても思う」が一〇・〇%、「やや思う」が三五・〇%で、合わせて四五・〇%もの就活生が「そう思う」と回答していたことである。

同調査では、「あなたは今の自分に満足していますか」という質問に対し「満足していない」という回答の理由として、「内定をもらっていない」「就活を通して、今の自分に誇ることが何もない、カラッポな人物だと」「早く就活を終えたい。終えるまで安心できない」、また「満足している」という回答の理由として「しっかりと内定をもらえた」といったものが見られる（ライフリンク「就職活動に関わる意識調査」）。「就職先によって人の価値が決まる」と思っている人が四五%。こうした状況では、内定の有無や就職先といった就職活動の結果が、就活生の自己認識や自己評価にどれだけ甚大《じんだい》な影響を与えるのか、想像もつかない。

また、内定の有無や就職先といった就職活動の結果は、第I部第7章で述べたように、自己認識や自己評価にとどまらず、そのまま他者への・他者からの認識や評価にも影響してしまう。

小説『何者』の主人公・拓人の友人で就職活動を終えた光太郎は、「……内定って言葉、不思議だよな」と漏らす。「誰でも知ってるでけえ商社とか、広告とかマスコミとか、そういうところの内定って、なんかまるでその人が全部まるごと肯定されてる感じじゃん」。

早くも業界の将来や夢を真剣に語り合う内定者たちと顔合わせをしてきた光太郎は、自分は「ただ就活が得意なだけだった」と気づく。「足が速いとかサッカーがうまいとか、料理ができるとか字がうまいとかそういうのと同じレベルで、就活が得意なだけだったんだよ」。「なのに、就活がうまくいくと、まるでその人間まるごと超すげえみたいに言われる。就活以外のことだって何でもこなせる、みたいにさ。あれ、なんなんだろうな」。「それと同じでさ、ピーマンが食べられないように、逆上がりができないように、ただ就活が苦手な人だっているわけじゃん。それなのに、就活がうまくいかないだけで、その人が丸ごとダメみたいになる」。

就活生は、選考中も移動中も在宅中も、身体も精神も思考も人間関係も、自身のすべてを就活に投じることを強いられ、その全人格を評価にさらす。そのため、そこでの評価結果（不合格や内定の有無、就職先）は、すべて自分全体に返ってくるのである。

こうした状況で、就活生にとって就職活動は、自分自身が「まるごと肯定」されるか「丸ごとダメ」になるかが決まる、自身の存在意義をかけた闘いとなってしまっているのである。

終わらない苦しみ

そしてその苦しみは、耐え続ければいつか終わるものではない。自分の手で納得いく内定を手に入れるまで、そこからは永遠に解放されないのである。

また無事に就職活動を終えたとしても、その会社でよかったのか、社会で働くということがどういったことなのかがわかるのは入社後のことであり、「本当にこれでよかったのだろうか」という迷いは尽きない（『何者』の光太郎は、前記エピソードのあと、「就活は終わったけど、俺、何にもなれた気がしねえ」と漏らす）。

就活生は、内定を得るまで、また得たあとも、こうした苦しみを抱え続けることになる。

社会学者の大内裕和とジャーナリストの竹信三恵子は、大学生活全体が「就活に向けて組織していかなければならなくなっている」状態を「全身就活」「ユビキタスな就活」と呼ぶ。中には「プチ整形」を考える者までおり、就職活動による支配はまさに全身に及んでいる。「大学生の生活全体が就活に向けて組織されていて、だからこそ失敗すればすべてがダメになるように感じられてしまう」。「ある特定の部分だけが試されているのなら、自分はそこだけができなかったという話」になるが、「全身で臨んで失敗すると絶望に陥ってしまう」（大内・竹信「『全身就活』から脱するために」）。

就活生は、自身のすべてを就活に投じて評価にさらしているために、そこでの評価結果（不合格や内定の有無、就職先）がすべて自分全体に返り、それによって自分自身が「まるごと肯定」されるか「丸ごとダメ」になるかが決まってしまう、まさに「全身就活」と呼ぶべき過酷な状況に置かれている。

私には、これから社会に羽ばたく、働く意欲のある若者を、社会がここまで追い詰め傷つけ、自己否定までさせている理由が、どうしてもわからない。

こうした状況を改善するためには、どういったことが求められるのだろうか。現在の就職活動に関する議論は、労働市場や教育論、雇用システムや社会保障の観点から論じたものなどが数多くある。こうした批判や提言にはそれぞれ長短があり慎重な議論が必要だが、政府・企業・大学が連携して、就職活動を取り巻く状況を改善していくことが急務である。

しかし、こうした議論は、中長期的な視点から見れば非常に重要だが、今後数年間のうちに就職活動を控える学生が自分自身を守る手だてとはならない。本書では、第Ⅱ部において、彼らが自分自身を守るためにはいったいどのようなことが必要なのかについて考える。

II　就職活動を生き抜くために

1 「就活する自己」との距離を取る

現在の就職活動では、自分のすべてを注いで熱心に活動する学生ほど、失敗した場合に深く傷つき自己否定に陥ってしまう。それを回避するためには、まず全人格を就活に投げ込むことを防ぐことが重要である。本章では、そのために有効な「就活する自己」から適切な距離を取ることについて、さまざまな知見を紹介しながら考えていく。

自己責任論の呪いを解く

ライフリンクの調査では、「あなたは何か困難や問題に直面した時、困難が生じた原因を　A　自分の中に探ろうとする　B　外部の環境の中に探ろうとする」という選択式の質問に対し、八二・六％の就活生が「自分の中に探ろうとする」、一七・四％が「外部の環境の中に探ろうとする」と回答している（ライフリンク「就職活動に関わる意識調査」）。

二三ページでも触れたが、現在就職活動をおこなっている一九九〇年前後生まれの大学生は、小学校高学年～高校までの間に二〇〇四年イラク日本人人質事件に象徴される「自己責任論」の隆盛や小泉政権による新自由主義的な政策を目撃しており、ある意味で「自己責任論」に馴化していると言える。

そうした意識のまま就職活動をおこなえば、つづけて不合格を経験する中で、「うまくいかないのは自分の責任」と思うようになってしまうのは当然のことである。

教育学者の児美川孝一郎は、学校教育や大学教育を含めた現在の就活システムが、

「生徒や学生に対して、就活に疑いを持たせず、そこに邁進《まいしん》していくように仕向ける体制」を敷いており、若者たちを「既存の労働市場秩序や社会秩序に歯向かわせずに、それを受容させる」装置として機能していると述べる。

「若者たちは、最初から現在の就活にも、いまある偏《かたよ》った働き方にも疑問を持たないように巧妙に「社会化」されて」いる。中には現在の就活システムに乗らない若者もいるが、彼らもまた、学校教育によって「現在の就活が体現している価値秩序を「内面化」し、そういうものとして承認」したうえで、「自己責任原則に基づいて、乗らない（乗れない）のは自分のせいであると考えている」（児美川「対抗的キャリア教育の〝魂〟」）。

社会学者の大内裕和とジャーナリストの竹信三恵子も、現在の就活は「労働市場が激変しているのに、高度成長期やバブル期のような就職を相変わらずイメージ」し、「精神論と人海戦術で乗り切ろうとしている」と指摘する。

その結果就活が長期化し、大学教育を圧迫するため、大学はとにかく会社に気に入ってもらおうと、学生に自己分析や没個性的な服装をさせて嫌われるリスクを減らそうとする。そこまでしなければ「売れない」と思って必死にがんばるが、実は産業の空洞化や産業構造の転換、非正規雇用の増加にともなう正規雇用の減少といった構造変化のために従来のような就職自体が難しくなっている。

企業の労務管理への批判や非正規雇用の規制緩和路線への反対運動が出てこない背景には、こうした構造変化について教えられていないこと、やってもダメだというあきらめの構造がある。その結果、狭い枠に自分だけは入ろうとして、押しあいへしあいの競争になる。

就活の過程で、「会社に気に入られないほうが悪い」と考える習性をたたき込まれているため、ここからこぼれると「自分がダメだったからだ」と思い込み自己否定へと追い込まれていく（大内・竹信「「全身就活」から脱するために」）。

児美川も大内・竹信も、労働市場の変化によって従来のような就職自体が難しくなっているにもかかわらず、そうした社会構造の変化が教えられないために、学生が就職できないのは自分のせいだと解釈してしまうことを指摘している。

そうした意識の下、厳しい内定争いに参加すれば、就職活動の過程が「自己否定を生み出す過剰競争」となってしまうのも当然のことである。

私が就職活動をしていたとき、すでに就活を終えた先輩やＯＢ・ＯＧから、「でも結局、どんなに厳しい状況でも、受かる人は受かるんだよね」といった内容を聞くことがとても多かった。そのときは「なるほどなぁ。受かる人は受かるんだなぁ」と真剣に聞いていたが、よく考えればそれは当たり前の話だ。どんなに厳しい状況でも、受かる人は受かる。すべての企業が新卒採用を受け付けなくなったわけではないのだから、飛び抜けて優秀な人がまじめに就職活動をすれば就職は決まる。こんなに当たり前の事実はない。

問題なのは、飛び抜けて優秀な人たちですら、ある程度の苦労をしないと就職できないという状況では、そうではない人たちはいったいどうなるのかという話である。学生からすれば、少ない枠にどうしても入らなければいけないので、「「受かる人」にならなければ」と考えるが、そもそも、普通に大学を卒業して働きたいと考えているだけなのに、それが狭き門になってしまっているのがおかしい。

就職活動がうまくいかず、自己否定してしまう事態を回避するためには、まず労働市場や社会構造の変化について学び、就活の失敗を自分だけに求めないようにしておくことが必要だ。

心理主義化への対抗としてのインターンシップ

一度の不合格が自己否定までつながってしまうことは少ないかもしれないが、それを数十回と経験せざるをえない現状では、傷は癒える間もなく増えていき、やがてじわじわと広がって、知らないうちに自分の心を蝕《むしば》んでいく。

社会学者の安田雪は、「面接で好印象を与える、内定を取る、自信をつける、さらに次の企業の面接試験で良いパフォーマンスを出す」というポジティブフィードバックのメカニズムにのって内定を次々と獲得する学生と、「試験でも面接でも前回の失敗の記憶に支配されて萎縮《いしゅく》してしまう結果、いつまでたっても実力が発揮できず内定獲得に至ることができない」ネガティブフィードバックにはまってしまう学生がいると指摘する。

「数度の挫折や小さな失敗では、このような悪循環を引き起こすことはない」が、「最初の内定獲得までに要する時間と挫折の回数が、学生をポジティブフィードバックにのせるか、ネガティブフィードバックにのせるかを決めてしまう傾向が強い」

（安田『大学生の就職活動』）。大量応募・大量落選の現状では、一度ネガティブフィードバックにのってしまった場合、就職活動はとても苦しいものになる。

そうした事態を避けるためには、より効率的で効果的なマッチングや進路選択の方法を見つけることが鍵となるだろう。現在のように、決まりきった形式の頼りない自己分析をもとに、手当たり次第応募して落選し傷つくことを繰り返すよりも、よい進路選択の方法はないのだろうか。ここではひとつの考え方として、教育学者である中井孝章のインターンシップ論を紹介する。

中井は、現在の就職活動について「学生から見ると、その心理学的知識の是非を超えて、まずそれを一旦《いったん》享受し、自己の物語を作らない限り、就職活動は始まらない」と述べたうえで、「しかしながら、学生が自分自身に適合した職種や就職先を自己選択・決定する上で、「自己分析」や「自己アピール」といった心理学的知識もしくは文化的装置は、本当に不可欠なものなのであろうか」と疑問を呈する。そして「「自己分析」を中心とする就職活動そのものを根本的に転換するもの」としてインターンシップ制度を挙げる。

中井によれば、インターンシップは「生徒や学生にとっては企業・職種選択のミスマッチを防ぐという点で」、また「企業にとっては優秀な人材との出会いや学校・生徒や学生への企業PRができるという点で」、メリットがあり、本来早くから出会うべき学生と企業を「円滑に媒介促進する」効果がある。

その基礎は、「直接的な人間的ふれあいおよびかかわりあいと、それを媒介とする初歩的な技能形成および前述した（技能形成過程で感じ取ることのできる）職場の雰囲気や企業の社風、経営方針などの理解」にある。

「生徒や学生は、できるだけ多くの企業・職種に関するインターンシップを体験し、比較することによって、どの企業、またはどの職種が自分自身に適合しているかを自己選択・決定することが必要である」。またその実現に向けて、高校や大学は教育環境・制度を整えることが不可欠である。

こうしたインターンシップ制度が充実すれば、就職活動における自己分析は不要もしくは補助的な形でおこなわれるだけで十分なものになり、「自由である反面、息苦しく感じられる「心理主義化する社会」を、「ごく普通の生きやすい社会」へ変革する契機になる（中井「「心理主義化する社会」における就職活動の病理と変革」）。

現在でも企業による学生向けインターンシップはさかんにおこなわれている。その年の就職活動が本格化する前の時期に開催されているものも多い。しかしその内容は、広報活動解禁前の企業PRを目的に、一週間にも満たないようなごく短期間で、ほとんどの時間を企業説明にあてているものや、グループワークやディスカッションをおこない、青田買いのための選考活動として機能しているものなどもあり、中井の言う「直接的な人間的ふれあいおよびかかわりあい」や「どの企業、またはどの職種が自分自身に適合しているかを自己選択・決定」するために役立っているとはとても思えない。学生側も、「もしかしたらこれが選考かもしれない」と思い緊張していたり、あるいは選考のつもりでいい評価を得ようと必死だったりするため、そんな余裕がない。

今後、学生の企業・職種理解や進路選択に役立つような意義あるインターンシップ制度が整えられていくことに期待したいが、学生にとって、こうしたインターンシップが、表面的な自己分析の代わりになる可能性を知っておくことは無駄ではない。現時点でおこなわれているインターンシップにおいても、その場で知り合った人に自分から声をかけて後の関係につなげるとか、同じ社内でもさまざまな職場を見せてもらうとか、自分の工夫次第で、さまざまな人とかかわったり業界・企業選びの参考にしたりすることはできる。

実際の職場に入ってそこで働く人々とかかわったことすらろくにない状態で、一人で自室の机で就活対策本を広げただけでは、いくら真剣に自己分析をおこなっても、その結果が正しいかはわからない。インターンシップに限らず、自分の目や足を使って将来を考えることは、いずれ自己分析をおこなうにせよ、必ず役立つだろう。

「相手視点」の就職活動と二種類のコミュニケーション

現在の就活では、まず自己分析で「本当の自分」「やりたいこと」を見つけ、それをもとに業種や職種を選んだり自己PRをおこなったりするという流れが一般的だ。そのため就活生は、知らず知らずのうちに、「自分」を起点に就職を考えるようになり、選考でもそれを全面に出してしまう。

大学で就職支援として「就活ゼミ」を指導してきた社会学者の桜井芳生は、こうした考えをある種の「自己中心的視点」と呼び、現代の商品経済社会でビジネスパーソンとして正社員で雇用されるためには、ここから脱却して「相手の視点に立つこと」が必要だとし、次のように述べる。

> 会社は志望学生の人となり（アイデンティティー・自己実現）なんか関心ありません。当社に採用して「より儲かる」ようになるようなマンパワーが欲しいだけです。つまり、その労働力をいくらで買ったらどのぐらい利益がでるかということしか関心ありません。とはいえ、面接で面とむかって、そうたずねたら、大人のコミュニケーションとはいえないでしょう。それで、「自己PRをしてください」などとオブラートにくるんでしまいます。そのオブラートをはがして、その会社が本当に聞きたいことに応えるのが大人のコミュニケーションでしょう。
>
> （桜井「「就活」の社会学へむけて」）

「素の自分を本当にわかってくれているのかという疑問（不信感）」といった回答が見られるように、現代の就職活動の流れの中で、学生は、まず「本当の自分」「素の自分」あるいは「自分が話すと決めてきたこと」を理解してもらい、そのうえで評価を受けたい・受けなければいけないと考えがちだ。

しかし、就職活動で求められるのは「自分は会社の役に立つ」と証明することであり、その視点を忘れ自分の話したいことを話すだけでは、いくら熱意があっても一人よがりに終わってしまう。効果的なPRには、相手が求めていることを読み取り、印象や効果を客観的に考えたうえで発言・行動すること（「相手の視点に立つこと」）が必要不可欠だ。

これは、一歩社会に出てしまえば当たり前の考え方かもしれない。しかし、一度も働いた経験がないまま、自己分析や「人物重視」の採用といった流れに飲み込まれ、「自分視点」でしか就職を捉えられていない就活生にとっては、わかっているつもりでいても難しい。

では、この場合に相手が求めている「自分は会社の役に立つ」という証明は、どのようにおこなえばいいのだろうか。まず桜井は、企業の視点に立った場合、学生の自己PRは「採用理由」になるという視点をもつことが大事だと述べる。そして、現在の就職活動における自己PRについて、「大人の視点からして、日本にうまれそだって高校からぽっと大学に入ったような人たち（学生たち）が、ひとにかたることのできるようなかけがえのないような属性・経験をもっているかどうかは非常に疑問である」と指摘したうえで、「就職「面接」とは、コミュニケーションではなく、コンピテンシー立証のゲームである」と言う。「コンピテンシー」とは、「各企業において高い成績をあげている社員たちがもっている共通の属性」、「企業側が学生に要求している個々具体的なビジネス能力」のことである。

桜井は、コミュニケーションには、「毛づくろいとしてのコミュニケーション」と「秘匿情報の「立証」としてのシグナリングゲーム」があり、学生たちがいつもおこなっているコミュニケーションは前者で、「コンピテンシー立証のゲーム」である就職活動は後者にあたると言う。そして、このふたつの違いを十分に認識していないことが、「多くの学生が就職面接で「つぶされた」「へこんだ」と感じる理由」になっていると述べる。

では、「シグナリングゲーム」とはいったいどのようなコミュニケーションなのだろうか。たとえば、ここに「能力の高い」学生と「能力の低い」学生がいる。学生本人には自分の能力の高低は「見えて」いるが、学生たちを採用しようとする企業からは「見えない」。かつ、その場で「あなたは、弊社が所望する能力が高い学生さんですか、低い学生さんですか」という質問することは意味をもたない。当然、どちらの学生も高いと答えるからだ。そのため、面接官は、「個々の学生が、当社の所望する能力（コンピテンシー）をもっているのかどうかを、「証拠」でうらをとりつつ確証したい」と考える。

こうして、コミュニケーションは複層的なもの（「大人のコミュニケーション」）になる。字義的なある問いに字義的に答えつつ、実は面接官が聞きたいのは、そこで語られるエピソードそのものであることはほとんどない。「あること（学生のエピソード）を語る」まさにそのことによって、「別のこと（会社がもとめるコンピテンシーをその学生がもっているのか否か）を語る・立証する」、面接とはそのような立証ゲームなのである。

桜井は、人事採用に限らず、ビジネスの商談はこの「シグナリングゲーム」であることが多いと述べる。ある商品を顧客に売りたいが、顧客は、「その商品がほんとうに所望の性能をもっているかどうか」、買う前にはわからない。そのため、「ほんとうにこの商品が顧客が所望する性能をもっていることを「立証」できれば商談はうまく進む」。優れた面接官は、学生採用面接にもこのようなコミュニケーションモデルを採用している。

しかし、日ごろ学生たちがおこなっているコミュニケーションは、そのほとんどが、雑談のように人とつながることを目的とした「毛づくろいとしてのコミュニケーション」であり、シグナリングゲームのように何かを「立証」しようとする機会はきわめて少ない。

その結果、学生たちは、自分とは異世代・異境遇・異利害の採用面接官を前にして、どんなコミュニケーションをしていいのかわからず、ありきたりな美辞麗句や抽象語、うわべだけの表現に逃げてしまう。一方、大量の学生を選考しそのほとんどを落とさなければならない面接官の仕事は、自然のうちに「それがウソであることが露呈するまで、エピソードをきさつづける」ことになる。「その結果、学生も面接官もどちらも全く悪意がなかったのに、まさに順当な結果として、学生がウソつきであることがメタコミュニケーション的に立証されてしまう」。「多くの学生が就職面接で、「つぶされた」「へこんだ」と感じる理由の多くはここにある」のである。

企業側から見た場合の自己PRが「採用理由」であるなら、志望動機は「愛のあかし」であると桜井は言う。「志望動機を言ってください」と言われると、自分が進路選択をおこなった順序通りに「その業界への志望動機」から語り始める学生が多い。しかし、自由市場経済におけるビジネスとは「一つの業界における生死をかけたサバイバルゲーム」であり、つぶすかつぶされるかの闘いである。そこで会社として聞きたい「志望動機」とは、「ほんとうに、ウチ（当社）という運命共同体に所属して生死をかけた戦いをする気概があるのか」、「ウチを愛する気があるのか」ということであり、その「会社」を後回しにしてその「業界」への愛から語り始めるようでは、「大人の暗黙のご了解をわかっていない子ども」と思われてしまう。

また、面接は学生にとっては特別な出来事だが、面接官にとっては数日かけて数十人の学生を「処理」しなければならない面倒なルーティンワークでしかない。学生は「数十人分の一の流れ作業のなかで、自分を確実に面接官に印象づけ」なければならず、面倒くさがりのくたびれた面接官にも印象を残せるような、サービス精神に富んだ面接を準備することが必要である。

このように、コンピテンシーの観点からおこなう就活対策は、「学生本人（自己）にまず注目するのではなくて、受ける企業（自分という商品をかってくれる顧客）に視点をおくこと」を要請する。そのため、「受ける企業の営利活動にとって、自分という人材＝商品がどれほどビジネスに貢献しうるかを考えざるをえなくなる」。これにより「まったく自己中心的で、商売っけがまったくなかった学生たちが、志望企業のビジネスとはどのようなもので、そのなかで、自分という人材＝商品がどれほどの商品価値があるのか、自己評価して売り込んでいることを目に見えてできるようになっていく」。

「コンピテンシー対応の就活支援は、学生たちに、自分たちがおこなっているコミュニケーション（毛づくろい）とは異なったタイプのコミュニケーション（たとえば、シグナリングゲーム）があることを自覚させ、後者についての自覚的トレーニングへとみちびく」効果があり、それによって、「就職にかんしてもおおきな成果を期待できる」うえ、「就職をきっかけとする、「へこみ・ひきこもり」傾向に対する非常に有力な事前対処になる」（桜井「「就活」の社会学へむけて」、「就職「面接」とは、コミュニケーションではなく、コンピテンシー立証のゲームである」）。

たしかに、自己分析をもとに自己ＰＲや志望動機を固めていく現在の就職活動の流れでは、当たり前なはずの「相手（企業）の視点で考えること」がないがしろにされがちだ。自分が話したいことと、相手の聞きたいことは違う。言葉にしてみれば当たり前のことだが、こうした流れに組み込まれながらそれを実行するには、練習と慣れが必要だ。

私自身も、就職活動中は、自分という人間を言葉で表現することに精一杯になり、面接官の反応がいまいちなことに気づいても、求められている話をできずに苦しんだ。就職活動を終えて桜井の論文を読み、ようやくこうした感覚が腑に落ちた。

桜井は、コンピテンシーによる人事が必ずしもすべての会社で採用されているわけでなないと断っているが、自己分析によって就職と自分自身を結びつけ、「本当の自分」をわかってもらおうと努力し、不合格になって傷ついてしまうといった現状を打破するために、こうした考え方はとても示唆に富んでいると言えるだろう。

演技している自分と演技していない自分を区別する

面接や選考において自分が「いい子ぶりっこしている」「演技している」と感じることを受け止め、そうした自分と距離を置くことも大切である。

第I部第4章で紹介したホックシールドは、著書『管理される心』の「感情労働に人間が払う代償」という節で、「労働者は職務に対して三つのスタンスをとるが、それらにはそれぞれのリスクがある」と述べる。

第一は、労働者があまりにも一心不乱に仕事に献身し、そのため燃え尽きてしまう危険性のあるケース。第二は、労働者が明らかに自分自身を職務と切り離しており、燃え尽きてしまう可能性は少ないが、しかし自分を自分の職務から切り離していることで、「私は演技をしているのであって不正直だ」と自分を非難する可能性のあるケース。そして第三は、自分の演技から自分を区別しており、そのことで自分を責めることもなく、自分の職務は演じる能力を積極的に必要としているのだと考えるのだが、このようなタイプの労働者は、演技することから完全に疎外され、「私たちはただ夢を売っているだけだ」と皮肉な考えを持ってしまう危険のあるケースである。第一のケースが他の二つよりも有害かもしれないが、しかし私は、もし労働者たちが彼らの職業生活の条件をコントロールする意識をもっと強く持てるなら、これら三つのスタンスに含まれる害は縮小できると確信している。

第一の種類に属する労働者は、自分の職務を演技とは理解していない。（中略）「偽りの自分」にほとんど、あるいはまったく気付いていない。（中略）〈個人化〉したサービスを提供していながら、自分自身は〈商業的〉な役に同一化してしまう。彼女は、自分に対して向けられる不適切な個人的振る舞いを脱個人化することが不得手である。これらの理由から、彼女はよりストレスを感じる可能性があり、燃え尽きてしまいがちである。

（ホックシールド『管理される心』）

「〈個人化〉したサービスを提供していながら、自分自身は〈商業的〉な役に同一化してしまう」とは、就職活動で言えば、自分の話をする選考において、企業の求める就活生に心身ともになりきってしまうことであろう。そして「自分に対して向けられる不適切な個人的振る舞いを脱個人化することが不得手」とは、就活生としての自分に向けられる言葉や出来事（たとえば、面接官からの鋭い指摘や不合格通知）を、就活生としての自分だけではなく、自分の全人格と結びつけてしまうことである。こうした状態のまま就職活動を続ければ、就活と日ごろの生活や自分を分けられなくなり、就活がうまくいかないと自分のすべてがダメなように思えてしまう。

ホックシールドは、第一のケースで、燃え尽きることへの予防策として、自分自身と自分の役割とをはっきりと分ける「健全な」切り離しが必要であると述べる。自分が演技しているときとそうでないときとを、自身の中で明確に定める。「演技をしている自分と演技をしていない自分との区別をすることによって、燃え尽きることへの耐性は強まる」のである。

また、愛する人や同僚同士で自分たちの身の上に起こった出来事を整理し、語り合う中で、「企業（双木注：この場合は雇用者）が感情に対して設定した規則を、自分自身の感情規則から切り離」し、「管理された心を自分自身のものとして取り戻そうと努力すること」が有効である（ホックシールド『管理される心』）。

就活に置き換えれば、就活している自分と普段の自分をどこかで区別し、親しい人や就活仲間と起きた出来事などについて話し合い、自身の体験を相対化して、企業が暗に要求する就活生像から自身を切り離すことで、就活している自分から少し距離を置くことだと言えるだろう。

もちろん、区別するといっても、就活している自分は別人であると割りきって、考えてもいないことや真実でないことを話したりおこなったりすることとは違う。自身の意思で行動しながらも、どこかでそうした精神的なバランスを取ることは、とくに就活が長引いてくる場合にはとても重要になってくる。

第二・第三のケースについては、就職活動という公の場では、誰しも多かれ少なかれかしこまって相手の望ましい言動をしようと心がけるのだから、そのように行動する自分を「いい子ぶっている」「演技している」と批判しすぎずに受け入れることが大切だろう。これは、次節で扱う「自己の尊重」にもかかわる。

表現されない自己や他者を尊重する

就活する自分から距離を置くためには、同じような選考や服装といった画一的なルールで表現・評価される自己や他者を絶対視しないことも重要である。

就活生は、「人物重視」という採用基準を信じて、面接官に「自分自身」を知ってもらおうと考え、短い選考の中でいかに自分を表現できるかにすべてをかける。

朝井リョウの小説『何者』の主人公・拓人は、「いつからか俺たちは、短い言葉で自分を表現しなければならなくなった。フェイスブックやブログのトップページでは、わかりやすく、かつ簡潔に。ツイッターでは一四〇字以内で。就活の面接ではまずキーワードから。ほんの少しの言葉と小さな小さな写真のみで自分が何者であるかを語るとき、どんな言葉を取捨選択するべきなのだろうか」と悩む。

考えてみれば、短い言葉や選考だけでは自己を表現しきれないのは当然であるはずなのに、拓人は、あたかも表現される自己によって自身のすべてが決まってしまうかのように、言葉や表現の選び方に注意を払い、「ダサい」「イタい」自己表現をする周囲の人間を心の中でばかにしている。
しかし彼は一方で、友人の恋人が「俺は就職活動をしない」と公言して、就活生を見下すような態度を取った際に、こう独白する。

たくさんの人間が同じスーツを着て、同じようなことを訊《き》かれ、同じようなことを喋《しゃべ》る。確かにそれは個々の意志のない大きな流れに見えるかもしれない。だけどそれは、「就職活動をする」という決断をした人たちひとりひとりの集まりなのだ。自分はアーティストや起業家にはきっともうなれない。だけど就職活動をして企業に入れば、また違った形の「何者か」になれるのかもしれない。そんな小さな希望をもとに大きな決断をしたひとりひとりが、同じスーツを着て同じような面接に臨んでいるだけだ。

「就活をしない」と同じ重さの「就活をする」決断を想像できないのはなぜなのだろう。決して、個人として何者かになることを諦めたわけではない。スーツの中身までみんな同じなわけではないのだ。

拓人は、表現される自己や他者にこだわる一方で、表現されない他者を想像できない者に対して憤《いきどお》る。自分自身も、表現された部分だけで他人を判断していることに、拓人は気づかない。

『何者』には、SNS上で同じような「イタい」自己表現をする二人の友人のことを似ていると言う拓人が、先輩に諭《さと》される場面がある。

「いくら使っている言葉が同じでも、いくらお前が気に食わないって思うところが重なってたとしても、ふたりは全く別の人間なんだよ」

「お前、こんなことも言ってたよな」

「メールやツイッターやフェイスブックが流行って、みんな、短い言葉で自己紹介したり、人と会話するようになったって。だからこそ、その中でどんな言葉が選ばれているかが大切な気がするって」

「俺、それは違うと思うんだ」

「だって、短く簡潔に自分を表現しなくちゃいけなくなったんだったら、そこに選ばれなかった言葉のほうが、圧倒的に多いわけだろ」

「だから、選ばれなかった言葉のほうがきっと、よっぽどその人のことを表してるんだと思う」

「たった一四〇字が重なっただけで、ギンジとあいつを一緒に束ねて片付けようとするなよ」

「ほんの少しの言葉の向こうにいる人間そのものを、想像してあげろよ、もっと」

「俺、お前はもっと、想像力があるやつだと思ってた」

他人の想像力のなさを見下していた拓人にとって、この言葉は痛烈だ。たとえ同じようなツールを使い、同じような服装をして、同じような選考に参加し、同じような表現を使っていたとしても、それは個々の人間まで「同じ」であるということを意味しない。

自分という存在を短い言葉や選考だけでは表現しきれないのと同様、他人もそうした言葉や選考で表現される部分だけの存在ではないのである。

拓人は、「自分は他人と違うと思いたかったし、そういう方法でしか何者かになれないような気がしていた」と独白しているが、表現された部分だけで「他人」を決め

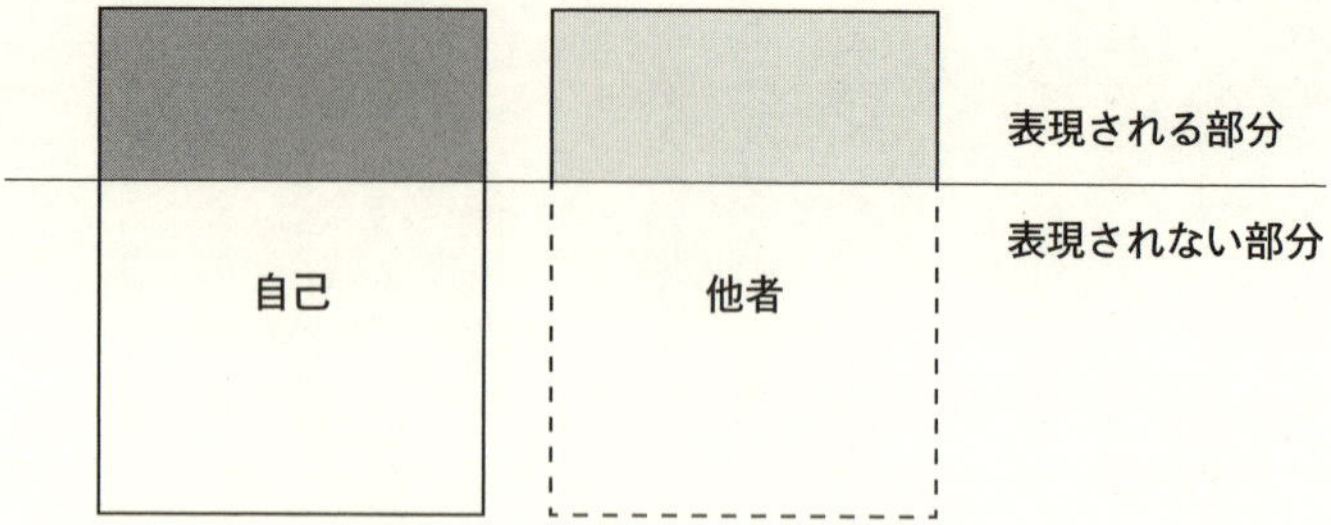

※自分には実線部分しか見えないが，
で他者を判断することは で自己を規定してしまうことにつながる

図４　自己と他者の表現と存在

つけ、「自分は違う」と思うことで自分を保とうとするようなやり方は、自分自身も表現される部分だけに規定されてしまうという形ではね返ってくる（図４）。自分に見えている部分だけで考えれば、自分が他の人と違っているのは当たり前なのである。

そうした方法に縛られ、表現される自己だけに規定されないためには、表現された部分だけで他者を決めつけたり自己を価値づけたりするのではなく、その向こうにある他者や自己の存在を想像し、尊重することが必要である。そうすることが、結果的には就職活動において表現・評価される自己や他者から適切な距離を保つことにつながるのではないだろうか。

決められた制度やルール、そこで表現される自己や他者との付き合い方に関して、もうひとつ参考になる考え方がある。

「演技する精神」

劇作家・評論家である山崎正和は、ある中学校で、いわゆる「標準服」(制服)に反対し、数人の兄弟全員にあえて私服を着せて通学させた家庭の話を引いて、「この単純な反抗がはたして真の自由と個性につながっているかどうか」と疑問を呈する。なぜなら第一に、「人間の社会には一定の制度が不可欠」で、「個人はそのすべてに反抗して生きることは不可能」であり、「この家族も学校制度そのものには服従しているのであり、そのなかでなぜ制服にだけ反抗するのか」という根拠が明らかでないからである。

第二に、「反抗による自由は、しょせん、消極的な自由にすぎず、皮肉をいえば、画一化の強制があればこそなりたつ自由」だからである。制服の制度があればこそ私服の着用は個性の主張のように見えるが、そうでなければそれはたんなる習慣的な行為にすぎず、「兄弟の私服もそれ自体では個性的ではなく、一方では時代の流行という、もうひとつの画一性に従っていたのにちがいない」のである。

じつは、制度のもとでの自由とはもう少し複雑な問題であって、これを追求するには、もっと柔軟で賢明な精神が必要であるように思われる。結論からいうなら、必要なのは一種の芝居の精神であり、むきにならず、制度と戯《たわむ》れにつきあうという心の余裕だろう。制服などは芝居の役であり、その衣装なのだと心得たうえで、むしろ面白がって、冗談のように身につけるという態度をとれば、人間はかえって制服から自由になったといえる。そういう心の姿勢はまた見かけにも現われるものであって、制服は着ていても、個性は必ず表情や動作のうちに滲みでてくるであろう。役者にとって芝居の役は外からあたえられるものであるが、役者はそれを進んで演じることによって、個性を表現することができる。彼はまた、戯曲によって他の役者と協調するように強制されているが、彼は一定のリズムに乗ることによって、逆にそのなかで自由を味わうことができる。

組織と個人、協調性と独創性の関係は、現代、あらためて注目されている永遠の課題であるが、これを二者択一的に考えるかぎり、解決はいつまでも望めまい。「男女は役者、世界は劇場」という古い格言が、ひょっとすると現代にもっとも有効な、深い知恵をひめていたのかもしれないのである。

（山崎『自己発見としての人生』）

制度や規則、画一性やそれに対する反抗についてのこうした考え方は、これまで述べてきた「就活する自己」との距離を取るという点で大いに役立つだろう。エントリーシートや面接における決まりきった質問や回答、同じような服装といった決められた条件の中で、自分のすべてを表現するのは不可能だ。であれば、無理な条件下で自己のすべてを表現することを目指すのではなく、表現されない自己や他者を想像し尊重することや、山崎の言う「制度と戯れにつきあうという心の余裕」をもつことが、「就活する自己」だけに自分を規定されてしまう事態を回避するための一番の方法となるのではないだろうか。

2　相談相手と居場所を得る

評論家の佐々木賢は、現代の若者には周囲に助けを求める「被援助能力」と称すべき能力が必要だと述べている（佐々木「就職しないで生きるという選択岐」）。

就活にのめり込んだ結果、自己否定に陥らないようにするためには、進路選択や就職活動に対して適切な助言を与えてくれる相談相手や、就活とはかかわりのないところで自分の居場所を得ておくことも重要だ。

横に閉じた関係を縦に開く

作家の朝井リョウは自身の就職活動について、学生の頃から社会人と会う機会が多く、「社会人＝すごい人」ではないとわかっていたことが役立ったと振り返る。「大学生活の中で大学生としか付き合っていないと、学生と社会人のあいだの壁ばかりが大きく見えて、大人も大したことないぞ、という事実を忘れて」しまい、「就活生からすると、志望先の会社で働いているというだけで、その人は神のような存在になってしまう」。

雑誌で特集されるような社会人は一部にすぎないのに、「いつも注目されるのは、ど真ん中の人で、それが、唯一の夢として語られていってしまうのが怖い」。「自分と地続きの場所に大人がいるということに気づくことができたのは、自身の就職活動にとってとても大きかった」（古市・朝井「「就活」という窓から見えるもの」、朝井「なぜ僕たちは「就活」におびえるか」）。

それでは、大学生活の中で社会人とふれあう機会を増やせばいいかというと、「それはきっと、実行されたその瞬間に別の意味になってしまう」と朝井は言う。「学生と社会人としての出会い方では、学生は初めから社会人を見上げて」しまい、「たとえばインターンを促すとか、有名会社の若手エリート社員を講師に呼んで講演会を催すとかになると、入り口から違ってしまう」。「学生対社会人というふれあいではなく、もっと人間対人間のふれあいができていたら、「就活」に対する考え方はかなり違ってくる」。「その人が社会人だと知らずに親しくなって、後からそれを知るというような関係を持つことができていれば、いちばんいい」。

その方法は具体的に考えると難しいが、「いちばんいいのは「合コンで出会った人と付き合ったら実は社会人だった」とかかもしれない」と朝井は締めている（「なぜ僕たちは「就活」におびえるか」）。

就活生が、一度も社会に出たことのないまま自己分析に依拠した進路選択を強いられ、価値基準としても情報源としても相談相手としても同学年の友人関係に依存し、合格者が「全部まるごと肯定」（朝井『何者』）されるような状態にあることを考えれば、就活生にとって社会人が遠く隔たった「神のような」存在に見えてしまうことにも頷《うなず》ける。

第Ⅰ部第7章で見たように、就活生の友人関係は、同学年の友人を中心に横に閉じた状態にあり、相談相手も大きく限定されている。同学年の友人同士では、お互いの性格や日ごろの振る舞いについてはよく知っていても、多くの場合お互いに社会経験はなく、進路について適切な助言を与え合うような関係にはないだろう。家族も、歳の近い兄や姉がいない限り、現在の就活生の親世代では今ほど共働きの家庭が多くないこともあり、両親がいても正社員経験があるのは一人だけであったり、そもそも就職活動自体が大きく様変わりしていたりする。

一人の人間がその進路を決定するにあたって、もっとも力になる存在は、まず本人についてよく知っており、かつ本人の希望する進路に詳しい人物である。自分のことをよく理解して適切な助言を与えてくれ、自分も相手を遠く感じず、朝井の言う「人間対人間のふれあい」をおこなえるような存在という点から考えれば、社会人の兄弟姉妹や、年の近い社会人の知り合いは最適の相談相手であると言える。

そうした存在をもてば、たとえば雑誌で特集されるような人々は多くの社会人のほんの一部であることや、働き方や仕事への考え方の多様性に気づくだろう。実際に働いている人とかかわってそのイメージが現実的なものになることは、進路選択に役立つことはもちろん、桜井芳生が指摘した「抽象的な美辞麗句への逃げ」への対策にもなる。

朝井は、社会人とかかわる方法として「インターンシップでは入り口が違ってしまう」と述べているが、「人間対人間のふれあい」という表現が、中井孝章の「直接的な人間的ふれあいおよびかかわりあい」という言葉と同じ意味で用いられていると捉えれば、第Ⅱ部第1章で紹介した中井の提唱するようなインターンシップも有効であると言える。

私自身は、留学で一年就職活動が遅れたため、就活中の仲間は少なかったが、周りにすでに就職活動を終えた同級生や先輩がたくさんいたことはとても幸運だった。彼らもまだ働いた経験はないとはいえ、彼らの話を聞くことによって、就活から少し距離を置くことができた。浪人も留年も留学も経験せず、周囲と同時にいっせいに就職活動を始める人にとっては、そうした存在はいっそう貴重なものになると思う。

第Ⅰ部第7章で述べたように、就職活動における価値基準・情報源・相談相手のすべてを友人関係に依存してしまい、序列内での位置づけが唯一の指標・関心となってしまうような横に閉じた関係を、自分により広い視野を与えてくれる人物との「人間対人間のふれあい」によって縦に開いていくことは、就職活動や進路選択においてはもちろん、その後の人生においてもさまざまな面で助けになるだろう。

ただそばにいてほしい

就職活動で疲れ果て、自己否定に陥らないためには、就職活動とはかかわりのない自分の居場所や、傷ついたときに回復できる環境をつくっておくことも大切だ。

労働経済学者の居神浩は、現在の不条理な就職状況を生き抜くために、「困難な状況にも関わらず、うまく適応できる力」「挫折から回復・復元できる弾力性」として、「レジリエンス」と呼ばれる力の必要性を説いている（居神「学卒未就職という不条理」）。

「レジリエンス」は、次の四つの要素からなる。

（1）自分自身の良いところも悪いところもひっくるめて自分自身を受け入れ、「本当の自分」を知る「I AM」の力。

（2）「自分は独りではない」、「共に学びあう仲間がいる」というように、他者との信頼関係を築き上げていく「I HAVE」の力。

（3）日々遭遇するさまざまな試練や問題を乗り越え、解決していく「I CAN」の力。

（4）自分自身で目標を定め、それに向かって伸びていく「I WILL」の力。

また、精神科医の宮地尚子は、トラウマを負った人たちが回復するための原動力として、「安心できる居場所の存在」「自己肯定」「仲間の存在」「ロールモデル（先ゆく仲間）の存在」「語ること（もしくは表現すること）」の五つを挙げている（宮地『トラウマ』）。

居神・宮地に共通するのは、「自分を受け入れること」や「仲間をもつこと」、「居場所を得ること」だが、前者ふたつについてはこれまでに述べてきたので、最後に「居場所を得ること」について考えたい。

宮地は、著書『トラウマ』の「トラウマを負った人にどう接するか」という節で、

「周囲の人は、トラウマを負った人にどう接すればいいのか、つらかったできごとを話してもらった方がいいのか、それともあえて聞かない方がいいのか」という問いに答えようとする。

それは、短期的な影響と長期的な影響がしばしば異なり、主観的な評価と周りからの評価も異なることが多いため、難しい問題である。「聞いてもらってよかったとそのときは言ってくれたのに、後で体調を崩す人もいれば、話をしているときはつらかったけれど、なんとなく整理がついて楽になったという人」もいれば、「聞かれたせいでつらくなったと本人は言うけれど、明らかに症状が減って落ち着いたように周りからは見えることもあるし、その逆も」ある。

本人の不満（罵倒《ばとう》や非難となることもある）が表に出るということは、「不満を口に出せるくらい安心できる関係性ができている証し」とも言え、「一度そういうことがあると、次からは聞くのをやめてしまいがち」だが、「不満や罵倒、非難の言葉が、助けを求めるサインであったり、自分のことを心配してくれているのかを試したり、その人に話しても大丈夫かを確認する手段であることも少なくない」。

トラウマを抱えた人にとって語ることは容易ではない。トラウマの中にはとくに語りにくい内容のものもあり、「そんな場合、本人が周囲の人に望むことは、「そっとしておいてほしい」ということだけ」かもしれない。しかしそれは「離れていってほしい」ということではなく、むしろ、「ただそばにいてほしい」に近い。「ただそばにいる」ということは、「具体的には何か知らないけれど、何かつらいことを抱えているとわかっていて、話をする気になったらいつでも聞く、わかろうとする」という姿勢も含んでいる。

「語ってもらうときには、それが新たな傷にならないよう、安全な環境を整えることが大切」で、「無理強いせず、本人の望むタイミングを尊重すること」、「聞く側も時間の余裕を持つこと」、「聞くときには道徳的評価や倫理的判断を手放すこと」などが重要である。つい自分の意見やアドバイスを言いたくなる場合も、お説教だけは避けたほうがよく、「ただ聞くだけ、きちんと受けとめたことを示すだけのほうが、本人は安心感と、また語ってみようという勇気」を得られる（宮地『トラウマ』）。

就職活動で苦しみや傷を負ってしまった場合、それを打ち明けられる相手や、また深刻な内容になることに気が引けたり合格や内定を得られないことがみじめに感じられたりして人に言い出せない場合でも、「道徳的評価や倫理的判断」（ここでは、就職活動の結果に対する判断や評価も含むだろう）を手放して「ただそばにいてくれ」、就職活動とは関係のないところで、ただ自分を受け止めてくれる人の存在はとても大きい。

これから就職活動をおこなう人は、就職活動の過程や結果によって揺らいでしまわないような、自分を大切にしてくれる人や居場所、それによる自己肯定感を育んでおくことが、就活による傷つきや自己否定から自分を守るためにとても大きな意味をもつだろう。

おわりに

私は、苦しいとき一番つらいのは、自分がなぜこんなに苦しいのか、この苦しみの原因は何なのかがわからないことだと思っている。

言葉にできれば、自分の苦しさや状況が整理できるので、対策も考えられる。でも苦しみの正体がわからなかったり、いろいろなことが一度に起こり、自分の理解を超えた場合、人はそれに対処できなくなる。

私自身の就職活動は、四月に複数社から内定をもらい、志望していた企業に入社を決め、比較的早い段階で終わった。今のところ会社に大きな不満はないし、楽しく働いている。

それでも、私は就職活動がつらかった。つらくてつらくて仕方がなかった。全然似合わない黒いスーツを着て、好きでもない鞄と靴を身につけて、スマートフォンを握りしめ、移動中の地下鉄でいつ泣き出してもおかしくないくらい、毎日毎日はち切れそうな気持ちに必死で耐えていた。あんなにつらい気持ちをどうしのいでいたのか、自分でもよく覚えていない。家族や友人の支えがなかったらどうなっていたのかわからない。

就活を終えてしばらくしても、なぜ自分があそこまでつらい思いをしたのか、よくわからなかった。人に聞かれても「とにかくつらかった」としか言えなかった。

それでも、それが私の個人的な体験なら、とにかくそういうものだったとそのままにしておいたかもしれない。私が信じがたかったのは、これだけの苦しみを、私と同時に就職活動をおこなっていた人がみんな多かれ少なかれ抱えていて、それがこれまでもこれからも変わらずずっと生み出されていくだろうことだった。もちろん就職活動の苦しさの中には、社会に出るにあたって学んでおくべきことも少なからずある。それでも、これから社会に羽ばたこうとしている若者を、社会がここまで構造的に痛めつけている理由が私にはどうしてもわからなかった。この本や元になった論文を書きながらいつも、就活にはよくここまでたくさんの傷つきの要素があるなとある意味では感心したし、そのたびになぜだか泣きそうになった。

学生は無防備だ。まだ社会で自分として生きていく術を知らない。開きなおっても耳を閉じてもいないから、無限の可能性をもっているし、脆《もろ》くもある。現在の就職活動が若者のそうした特徴を理解せず、不必要に痛めつけている中で、この本に書いてあることの何かひとつでも、苦しみを抱えている人の手助けや装備のようなものになればいいと思う。

最後に、右も左もわからない私をここまで導いてくださった大月書店編集部の西浩孝さん、本書の元となった論文のご指導や西さんへの紹介をしてくださった宮地尚子先生、アンケート調査にご協力いただいた一橋大学卒業生・在学生のみなさま、執筆を支えてくれた家族や友人、あたたかい言葉をかけてくださったすべての方々に、心より御礼申し上げます。

二〇一五年二月

双木あかり

参考文献

■図書

朝井リョウ『何者』新潮社、二〇一二年
児美川孝一郎編『これが論点！　就職問題』日本図書センター、二〇一二年
フーコー、ミシェル『監獄の誕生——監視と処罰』田村俶訳、新潮社、一九七七年
ホックシールド、A・R『管理される心——感情が商品になるとき』石川准・室伏亜希訳、世界思想社、二〇〇〇年
宮地尚子『トラウマ』岩波新書、二〇一三年
安田雪『大学生の就職活動——学生と企業の出会い』中公新書、一九九九年
山崎正和『自己発見としての人生』新装版、阪急コミュニケーションズ、二〇〇〇年

■論文・雑誌記事

朝井リョウ「なぜ僕たちは「就活」におびえるか」『中央公論』二〇一三年二月号
居神浩「学卒未就職という不条理――大学教育の現場で今できること」『これが論点！ 就職問題』
鵜飼洋一郎「企業が煽る「やりたいこと」――就職活動における自己分析の検討から」『年報人間科学』第二八号、二〇〇七年、大阪大学大学院人間科学研究科社会学・人間学・人類学研究室
大内裕和・竹信三恵子「「全身就活」から脱するために」『現代思想』二〇一三年四月号
樫村愛子「『何者』と「就活デモ」を結ぶ線」『現代思想』二〇一三年四月号
川村遼平「就活に追い詰められる学生たち――就活生の7人に1人がうつ状態」『これが論点！ 就職問題』
北見由奈「大学生の就職活動ストレスに関する研究――精神的健康に及ぼす影響と介入プログラムの実施効果の検討」博士論文（桜美林大学）、二〇一一年
北見由奈・茂木俊彦・森和代「大学生の就職活動ストレスに関する研究――評価尺度の作成と精神的健康に及ぼす影響」『学校メンタルヘルス』第一二巻第一号、二〇〇九年
北見由奈・森和代「大学生の就職活動ストレスおよび精神的健康とソーシャルスキルとの

関連性の検討」『ストレス科学研究』第二五号、二〇一〇年
栗田隆子「シューカツを巡る〈大人〉の欲望のまなざし」『現代思想』二〇一三年四月号
児美川孝一郎「「就職問題」のどこが問題か」『これが論点！　就職問題』
今野晴貴「就職活動システムの現代的機能――「失敗」して「成功」する「再配置」」『これが論点！　就職問題』
桜井芳生「「就活」の社会学へむけて――「就活ゼミ」という参与観察からみえてきたこと／「ポスト入試社会」における「新しい通過儀礼」」『人文学科論集』第六〇号、二〇〇四年、鹿児島大学法文学部
桜井芳生「就職「面接」とは、コミュニケーションではなく、コンピテンシー立証のゲームである――なぜ学生は就活で、「へこむ」のか？／就活のコミュニケーション社会学／付：就活面接「ぶっちゃけ」設計表」『人文学科論集』第六二号、二〇〇五年、鹿児島大学法文学部
佐々木賢「就職しないで生きるという選択岐――就活と貧困を思考するために」『現代思想』二〇一三年四月号
下村英雄・堀洋元「大学生の就職活動における情報探索行動情報源の影響に関する検討」

『社会心理学研究』第二〇巻第二号、二〇〇四年
就活シンポジウム実行委員会「就活生からの就活改革提言」『これが論点！ 就職問題』
関谷大輝・湯川進太郎「感情労働の諸相——表層演技、深層演技と副次的プロセスに着目して」『筑波大学心理学研究』第三九号、二〇一〇年
中井孝章「「心理主義化する社会」における就職活動の病理と変革——心理的自己分析からインターンシップへ」『児童・家族相談所紀要』第二一号、二〇〇四年、大阪市立大学生活科学部児童・家族相談所
古市憲寿・朝井リョウ「「就活」という窓から見えるもの」『新潮45』二〇一三年一月号

■ウェブ

NPO法人自殺対策支援センターライフリンク「就職活動に関わる意識調査」二〇一三年〈http//www.lifelink.or.jp/hp/0330_shukatsu_2013_.html〉〔二〇一三年五月二〇日閲覧〕
株式会社ディスコ「10月1日現在の就職活動状況——2014年度日経就職ナビ学生モニター調査結果」二〇一三年一〇月二二日〈http//www.disc.co.jp/column/?p＝1338〉〔二〇一三年一二月七日閲覧〕

清水康之「視点・論点 〝就活自殺〟の背景に迫る」二〇一三年九月一〇日〈http//www.nhk.or.jp/kaisetsu-blog/400/167020.html〉〔二〇一三年一一月一四日閲覧〕
就職ジャーナル「エントリーシート、どのくらい通過するもの?」二〇一二年三月一日〈http//journal.rikunabi.com/student/souken/souken_vol131.html〉〔二〇一三年一二月四日閲覧〕
内閣府「自殺の統計」〈http://www8.cao.go.jp/jisatsutaisaku/toukei/index.html〉〔二〇一五年一月一二日閲覧〕
日本経済新聞「就活解禁繰り下げ、違反に罰則なし 経団連が指針――縛り緩く、「抜け駆け」懸念も」二〇一三年九月一四日〈http//www.nikkei.com/article/DGXNASFS13034_T10C13A9EA2000/〉〔二〇一三年一一月一〇日閲覧〕
日本経済団体連合会「採用選考に関する企業の倫理憲章」二〇一一年三月一五日〈http//www.keidanren.or.jp/japanese/policy/2011/015.html〉〔二〇一三年一二月一日閲覧〕
日本経済団体連合会「採用選考に関する指針」二〇一三年九月一三日〈http://www.keidanren.or.jp/policy/2013/081.html〉〔二〇一五年一月一二日閲覧〕
文部科学省「学校基本調査――平成24年度（確定値）結果の概要」二〇一二年一二月〈http//www.mext.go.jp/b_menu/toukei/chousa01/kihon/kekka/k_detail/1329235.

htm〉〔二〇一三年一二月二四日閲覧〕
文部科学省「学校基本調査——平成25年度（確定値）結果の概要」二〇一三年一二月〈http//www.mext.go.jp/b_menu/toukei/chousa01/kihon/kekka/k_detail/1342607.htm〉〔二〇一三年一二月二四日閲覧〕

付録　調査票

「就職活動におけるストレス要因」一橋大学生・卒業生アンケート

卒業論文執筆のため、一橋大学在学生・卒業生の方のうち、２０１３年卒／２０１４年卒向け新卒定期採用において就職活動を行われたご経験のある方に、アンケートへのご協力をお願いしております。入力していただいた個人情報は、卒業論文執筆以外の目的では一切使用いたしません。質問は全部で6個です。ご協力よろしくお願いいたします。

1．一橋大学での在籍／出身学部をお答えください。

・商学部

・経済学部
・法学部
・社会学部

2. 性別をお答えください。
・男性
・女性

3. 卒業（予定）年をお答えください。
・2013年卒
・2014年卒予定
・2015年以降卒予定

4. 就職活動を行うにあたり、負担やストレスに感じたことを5つまで教えてください。
具体的なエピソードでも構いません。
例）どこからも内定を貰えないのではないかという不安、自分を周囲と比べてしま

うこと、決められた髪型や服装をしなければいけないこと、合否連絡がどのような形式かわからないこと　等

5. 就職活動中の心身の不調について、当てはまるものがあればチェックしてください。

・寝付きが悪い／夜目が覚める／早く目が覚めすぎる／眠りすぎる
・悲しい気持ち
・食欲低下または増進／体重減少または増加
・集中力や決断力の低下
・自分のことを価値のない人間だと感じる
・死や自殺について考える
・他人やいろいろな活動について興味がない
・疲れやすい
・動きが遅くなった
・落ち着かない
・その他

6．今後追加調査を行うことになった場合、ご協力していただけるという方は、メールアドレス等のご連絡先を教えてください。その他、何かご意見等ございましたらご自由にお書きください。

著者
双木あかり（なみき あかり）
1990年，埼玉県生まれ。
2014年，一橋大学社会学部卒業。
現在は都内の民間企業に勤める。

装丁　細野綾子
イラスト　石川恭子

どうして就職活動はつらいのか

2015年4月20日　第1刷発行　　定価はカバーに表示してあります

著　者　双木あかり
発行者　中川　進

〒113-0033 東京都文京区本郷2-11-9
発行所　株式会社　大　月　書　店　　印刷　太平印刷社
製本　中永製本

電話（代表）03-3813-4651　FAX 03-3813-4656　振替00130-7-16387
http://www.otsukishoten.co.jp/

ISBN978-4-272-31051-7　C0036　Printed in Japan